Wissen in Bestform

W0064773

INHALT

Es ist längst kein Geheimnis mehr, dass **Altersvorsorge ein Thema** ist, das alle angeht. Die Gründe dafür sind gerade bezüglich der Selbstständigen in der Land- und Forstwirtschaft sowie im Gartenbau vielfältig:

- Die Lebenserwartung steigt ständig an.
- Das Verhältnis von Rentenempfängern zu Pflichtversicherten wird ungünstiger. Das gilt auch und vor allem für die landwirtschaftliche Alterskasse
- Die gesetzlich zugesicherte Altersvorsorge kann nur einen Teilbedarf im Alter abdecken.
- Der Generationsvertrag funktioniert auch in den Betrieben nicht mehr. Die Altenteiler können sich nicht automatisch darauf verlassen, dass die nachfolgende Generation den Fehlbetrag zwischen Bedarf und Rente finanziert oder finanzieren kann.
- Zunehmend werden Betriebsleiter nicht nur ihre Eltern, sondern auch die Großeltern mit Altenteilsleistungen zu versorgen haben. Spätestens dann kann es sehr zulasten der Liquidität gehen. Hat zumindest die Elterngeneration privat vorgesorgt und dabei Zins- und Zinseszinseffekte genutzt, wird der Betrieb spürbar entlastet.

Dennoch kommt für manche der 65. oder demnächst der 67. Geburtstag immer noch „plötzlich und unerwartet". Gerade Selbstständige kümmern sich wenig oder zu spät um ihre Altersvorsorge – vor allem im „grünen Bereich". Dabei sollten doch gerade sie wissen, dass nur dann eine gute und ausreichende Ernte eingefahren werden kann, wenn zeitig gesät und laufend und zum richtigen Zeitpunkt gepflegt wird. Gleiches gilt auch für die **Altersvorsorge**, die **Schritt für Schritt und individuell aufgebaut** werden sollte. Im Folgenden sind einige grundsätzliche Vorgehensweisen und Informationen beschrieben.

Allerdings darf keineswegs außer Acht gelassen werden, dass die Vorsorge für „übermorgen" für junge Betriebsleiter und Familien nicht im Vordergrund stehen darf. Vielmehr ist es dringend erforderlich, sich Gedanken über die Vorsorge für „heute und morgen" zu machen. Gemeint ist die **Risikovorsorge für den Ausfall der Arbeitskraft** durch Berufsunfähigkeit und Tod. Die finanziellen **Folgen müssen zuerst abgesichert werden, bevor Vermögen für das Alter gebildet wird.**

Ebenfalls sollten Betriebsleiter-Ehepaare die Ausbildung und Abfindung der Kinder im Blick haben und wenn nötig und möglich dafür finanziell vorsorgen, bevor sie in den Ruhestand investieren.

landpixel.de / Christian Mühlhausen

Bevor in die Altersvorsorge investiert wird, sollte das Ziel – also der finanzielle Bedarf als Altenteiler – festgelegt werden. Nur dann lässt sich die Versorgungslücke ermitteln und die Strategie und Sparrate festlegen. **Kurz vor Eintritt** in den Ruhestand ist es **relativ leicht**, die zukünftig erforderlichen Geldmittel genau zu beziffern. Der Lebensstandard ändert sich wenig und die Geldentwertung muss weniger berücksichtigt werden. Je weiter der Ruhestand **in der Zukunft liegt**, umso **schwieriger** wird die Kalkulation des Finanzbedarfs. Als Anhaltspunkt für die Planung kann dafür entweder auf Werte der amtlichen Statistik oder aber die bisherigen Lebenshaltungskosten zurückgegriffen werden. Beides ist individuell anzupassen.

Wer davon ausgehen kann, dass die nachfolgende Generation für Wohnung und Energie, vielleicht auch den PKW aufkommen kann und wird, kann diese Positionen vernachlässigen oder reduzieren. Werden insgesamt allerdings hohe Erwartungen an die nachfolgende Generation gestellt, erhöht sich die **Abhängigkeit** von deren Wirtschaften und belastet möglicherweise die familiäre Beziehung auch **emotional**.

Insgesamt besteht jedoch die Gefahr, die einzelnen Ausgabeposten **zu niedrig zu bewerten**. Doch wer nicht mehr jeden Tag arbeiten muss, hat viel mehr Zeit, Geld

Tabelle 1: Monatliche Ausgaben eines 2-Personen-Rentnerhaushaltes für den privaten Verbrauch

	Beispiel (€)	Eigene Angaben (€)
Nahrungs- und Genussmittel	256	
Wohnung, Energie, Wohnungsinstandhaltung	719	
Bekleidung	·65	
Bildung, Freizeit	197	
Verkehr, Nachrichtenübermittlung	229	
Gesundheits- und Körperpflege	71	
Übrige Haushaltsführung (Möbel, Hausrat, …)	161	
Kapitaldienst, Versicherungen	–	
Beherbergungs- und Gaststättendienstleistungen	89	
Insgesamt	**1.786**	

Quelle: www.destatis.de

auszugeben. Wer sein Leben lang gearbeitet hat, will im Ruhestand endlich all das tun, wozu früher die Zeit fehlte: Reisen, Gäste einladen, Freundschaften und Hobbys pflegen, Enkelkinder verwöhnen, ins Theater gehen. Außerdem ist davon auszugehen, dass der Gesundheitsbereich in Zukunft mehr Eigenbeteiligung erfordern wird – von Arztkosten bis Zuzahlungen zu Medikamenten. Auch für Hilfe in Haus oder Garten kann später zusätzlich Geld benötigt werden – und eventuell für den behindertengerechten Umbau der Wohnung.

Nicht außer Acht gelassen werden dürfen **Kreditverpflichtungen**, die auch nach der Hofübergabe bestehen bleiben und nicht mit übertragen werden. Auch Unterhaltsverpflichtungen gegenüber den eigenen Eltern oder den weichenden Erben können bestehen bleiben.

Dagegen werden **Versicherungen** wie die Berufsunfähigkeits- oder auch Unfallversicherung nicht mehr benötigt und sollten gekündigt werden. Schwer zu kalkulieren ist der Bedarf im Falle einer ggf. sogar zunehmenden Pflegebedürftigkeit.

EINKOMMEN AUS DER GESETZLICHEN ABSICHERUNG 03

Erwin Wodicka – Fotolia.com

Im nächsten Schritt gilt es, **Bestandsaufnahme** zu machen: Welchen Beitrag leistet die gesetzliche Absicherung zur Altersvorsorge? Die Rentenauskünfte von der Deutschen Rentenversicherung sowie der Alterskasse geben hierüber Auskunft. Beide Träger verschicken sie regelmäßig beziehungsweise auf Anfrage.

3.1 ALTERSKASSE

Land- und Forstwirte sowie Gärtner, ihre Ehegatten und mitarbeitenden Familienangehörigen sind in der Alterskasse **pflichtversichert**. Unter bestimmten Voraussetzungen ist allerdings per Gesetz oder auf Antrag eine **Befreiung** von der Versicherungspflicht möglich. Haben sie die Mindestversicherungszeit von 180 Beitragsmonaten erfüllt und das Unternehmen abgegeben, so besteht **Rentenanspruch**. Zu den 180 Monaten zählen für Ehegatten auch Zeiten mit, in denen sie vor 1995 (Einführung der eigenständigen Pflichtversicherung für Ehegatten) mit einem Beitrag zahlenden Unternehmer verheiratet waren. Ferner rechnet die Alterskasse für die Erfüllung der Wartezeit auch Jahre in der gesetzlichen Rentenversicherung mit, die sich unmittelbar an die Alterskassenzeit anschließen oder ihr vorausgegangen sind. Bei der Festsetzung der Rentenhöhe zählen

Beispiel für eine überschlägige Rentenermittlung

Ein Versicherter hat 40 Jahre lang Beiträge zur Alterskasse entrichtet.
Somit beträgt sein monatlicher Rentenanspruch aus der Alterskasse

40 x 12,99 / 11,88 € = 519,60 / 475,20 €

abzüglich Kranken- und Pflegekassenbeitrag

diese angerechneten Jahre allerdings nicht mit. Die Abgabe des Unternehmens an den Ehegatten ist möglich.

Die Altersrente beträgt für Unternehmer und Ehegatten 12,99 €/11,88 € (alte/neue Bundesländer) monatlich je Beitragsjahr. Dieser Rentenwert gilt zum Stichtag 1.7.2013, er wird (fast) jährlich entsprechend der allgemeinen Rentensteigerung angepasst. Aktuelle Werte sind zu finden bei der Sozialversicherung für Landwirtschaft, Forsten und Gartenbau (www.svlfg.de).

Wer genauer Bescheid wissen möchte, kann dafür auch das Rentenberechnungsprogramm der Sozialversicherung für Landwirtschaft, Forsten und Gartenbau verwenden (im Download auf www.svlfg.de > Service). Es dient der Ermittlung der Höhe von Renten nach dem Gesetz über die Alterssicherung der Landwirte (ALG) und deckt sechs verschiedene Rentenarten (z. B. vorzeitige und Regelaltersrente, Rente wegen Erwerbsminderung, Witwenrente) ab.

Die Altersrente kann mit Vollendung des 65. Lebensjahres in Anspruch genommen werden. Diese Regelaltersrente wird allerdings schrittweise angehoben.

Tabelle 2: Anhebung der Regelaltersgrenze beim Eintritt in die Altersrente

Anhebung Geburtsjahrgang	auf ... Jahre	und ... Monate
vor 1947	65	0
1947	65	1
1948	65	2
1949	65	3
1950	65	4
1951	65	5
1952	65	6
1953	65	7
1954	65	8
1955	65	9
1956	65	10
1957	65	11
1958	66	0
1959	66	2
1960	66	4
1961	66	6
1962	66	8
1963	66	10
ab 1964	67	0

Quelle: Rentenversicherungs-Altersgrenzenanpassungsgesetz, 30.04.2007

Für die Geburtsjahrgänge ab 1948 um einen Monat, für ab 1958 Geborene um zwei Monate. Für die Jahrgänge ab 1964 gilt dann die neue Regelaltersgrenze von 67 Jahren.

Ehegatten können auf Antrag die Altersrente bis zu 10 Jahre vor Erreichen der Regelaltersgrenze **vorzeitig in Anspruch nehmen**, wenn der/die ehemalige Unternehmer/-in bereits Anspruch auf eine Regelaltersrente hat oder gehabt hat. Die übrigen Leistungsvoraussetzungen entsprechen denen der Regelaltersgrenze. Mit der schrittweisen Anhebung der Regelaltersrente ab 2012 wird zusätzlich eine „vorzeitige Altersrente an langjährig Versicherte" zur Verfügung stehen. Sie kann frühestens ab Vollendung des 65. Lebensjahres in Anspruch genommen werden, wenn das Unternehmen der Landwirtschaft abgegeben und die Wartezeit von 35 Jahren erfüllt ist.

Hinweis: Bei vorzeitiger Inanspruchnahme der Altersrente wird der Rentenwert um 0,3 Prozent pro Monat vorzeitigen Rentenbeginns gekürzt. Dieser Abschlag bleibt lebenslänglich bestehen.

Die „vorzeitige Altersrente an langjährig Versicherte" wird ohne Abschlag gezahlt, wenn der/die Rentner/-in mindestens 45 Jahre Wartezeit erfüllt.

3.2 GESETZLICHE RENTENVERSICHERUNG

Zunehmend mehr Unternehmerehepaare verfügen außerdem über Ansprüche aus der gesetzlichen Rentenversicherung. In diesem Alterssicherungssystem beträgt die **Wartezeit** für eine Rente nur **60 Monate**, sodass ein Anspruch leichter zustande kommt.

Diese Beitragsmonate können sich ansammeln durch:

- Versicherungspflichtige Beschäftigungsverhältnisse eines oder beider Ehegatten
- Kindererziehungszeiten
- Pflegezeiten
- Wehr- oder Zivildienst
- Zeiten, für die ... die freiwillige Beiträge geleistet werden

Vor allem im Hinblick auf Kindererziehungs- und Pflegezeiten sind viele Versicherungsverläufe gerade bei Familien in der Land- und Forstwirtschaft sowie im Gartenbau lückenhaft. Deshalb soll im Folgenden auf die beiden wesentlichen Kriterien näher eingegangen werden.

Kindererziehung und Rente

Bei Geburten vor 1992 wird ein Beitragsjahr pro Kind auf dem Rentenkonto gutgeschrieben, bei Geburten ab 1992 sind es sogar drei Jahre. Ein Jahr Kindererziehung steigert die spätere Monatsrente um derzeit 28,14 €/24,74 € (alte/neue Bundesländer). Darüber hinaus gibt es sogenannte Berücksichtigungszeiten wegen Kindererziehung. Das sind die Jahre zwischen der Geburt des ersten und dem zehnten Geburtstag des jüngsten Kindes. Diese Zeiten fehlen in vielen Versicherungsverläufen.

Kinderberücksichtigungszeiten führen

- zur Anhebung niedriger Verdienste während der Familienphase um 50 Prozent, wenn insgesamt mindestens 25 Versicherungsjahre erreicht werden,
- zu einem eigenen Rentenanspruch in Höhe von knapp 9 € monatlich, wenn mindestens zwei Kinder unter zehn Jahren erzogen werden und kein Arbeitseinkommen erzielt wird, sowie
- zur Aufrechterhaltung des Anspruchs auf Erwerbsminderungsrente.

Wer allerdings während dieser Zeit mehr als geringfügig selbstständig im eigenen Unternehmen tätig war oder im Unternehmen des selbstständigen Ehegatten mitgearbeitet hat, bekommt die Berücksichtigungszeiten nicht anerkannt.

Ehrenamtliche Pflege

Wer einen Angehörigen oder Bekannten pflegt, bekommt auch diese Tätigkeit auf dem Rentenkonto gutgeschrieben. Die Pflegezeit muss wöchentlich mindestens 14 Stunden pro pflegebedürftiger Person, die Erwerbstätigkeit darf höchstens 30 Wochenstunden betragen. Wichtig ist, dass die Pflegeperson als solche im Antrag auf Pflegeleistung benannt ist. Die Rentenbeiträge werden dann von der Pflegekasse des Patienten übernommen. Die Höhe richtet sich nach Stundenumfang und Pflegestufe.

Es entstehen keine Nachteile hinsichtlich Sozialversicherung oder Steuer. Es spielt ebenfalls keine Rolle, wer das Pflegegeld erhält. Ebenfalls hat eine wie auch immer geartete Pflegeklausel im Betriebsübergabevertrag keinen Einfluss auf die Anerkennung der Pflege als rentenversicherungspflichtige Beitragszeit.

Die Anerkennung erfolgt erst ab Antragstellung. Eine rückwirkende Berücksichtigung ist nicht möglich.

ALTERSVORSORGE DURCH DEN LANDWIRTSCHAFTLICHEN BETRIEB 04

landpixel.de / Christian Mühlhausen

Ein Baustein der persönlichen Altersvorsorge besteht aus der Altersrente der **landwirt-schaftlichen Alterskasse**. Wie bereits beschrieben ist diese nie so konzipiert worden, dass hiermit der gesamte finanzielle Bedarf im Alter gedeckt werden kann. Auch bei sehr bescheidenen Ansprüchen wird dieser Betrag nicht die Kosten der Lebenshaltung, der privaten Versicherungen sowie die weiteren Bedarfe abdecken können. Somit stellt sich die Frage, inwieweit weitere Standbeine zur privaten Altersvorsorge beitragen kön-nen. Im Folgenden wird dargestellt, was der landwirtschaftliche Betrieb als zusätzlicher Baustein der Altersvorsorge zum Lebensunterhalt in den Zeiten des wohlverdienten Ruhestands beitragen kann. Hierbei sind verschiedene Konstellationen denkbar, die sich unterschiedlich auf den Beitrag des Hofes auf die persönliche Altersvorsorge auswirken.

Bei der Betrachtung kann zunächst zwischen einem **Pächter** eines gesamten Betrie-bes und einem **Hofeigentümer** unterschieden werden. Dem ausscheidenden Pächter stehen in der Regel lediglich Überschüsse aus dem Verkauf oder der Verpachtung von Vieh-, Umlauf- sowie dem beweglichen Anlagevermögen für die private Alterssiche-rung zur Verfügung. Dem Hofeigentümer, sofern die Verbindlichkeiten zurückgeführt wurden, verbleiben darüber hinaus noch Überschüsse aus der Verpachtung oder Über-schüsse aus dem Verkauf von Gebäude- oder Grund- und Bodenvermögen. Der Hof-pächter trägt somit eine Doppelbelastung. Neben den Pachtzahlungen für den gesam-ten Hof besteht das Erfordernis, während seiner aktiven Zeit zusätzliche Beiträge für die private Altersvorsorge zu erwirtschaften, da keine wesentlichen Altenteilszahlungen aus einem Hof zu erwarten sind.

Neben dieser Unterscheidung gestaltet sich die private Altersvorsorge bei einem Landwirt, der seinen Beruf im **Nebenerwerb** ausführt, in der Regel anders als bei einem **Haupterwerbslandwirt**. Bei einem Haupterwerbsbetrieb fließt das Geld zur privaten Vermögensbildung überwiegend aus dem landwirtschaftlichen Betrieb. Die wichtigste Quelle ist der Gewinn des Unternehmens. Im Vordergrund steht die Weiterentwicklung des Hofes. Ziel ist es, ein ausreichendes Einkommen für die Betriebsleiterfamilie, Kapital für Nettoinvestitionen und für die erforderlichen Tilgungsverpflichtungen zu erwirtschaften. Erst darüber hinaus kann Geld für die private Vermögensbildung (Absicherung von Abfindungen/Altersvorsorge) angelegt werden.

Bewirtschaftet eine Familie ihren Hof im Nebenerwerb, fließen die Mittel für die private Vermögensbildung meistens aus nichtlandwirtschaftlichen Einkünften. Hierbei ist die Bandbreite der denkbaren Tätigkeiten sehr groß. Bei diesen Betrieben steht in der Regel der Bestand des Betriebes im Vordergrund. Das Einkommen, das den notwendigen Geldbedarf für die Lebenshaltung und für die Substanzerhaltung übersteigt, sollte in Abhängigkeit vom Lebensalter sowie der Anlagementalität ausgewogen in Geld- und Sachwerte investiert werden. Bei der Anlagedauer ist allerdings zu beachten, dass das Vermögen so angelegt wird, dass es neben der Altersrente aus der landwirtschaftlichen Alterskasse und der Rente aus der gesetzlichen Rentenversicherung entsprechend dem späteren Bedarf wieder zur Verfügung steht.

Neben der Unterteilung zwischen Betrieben im Haupterwerb und Betrieben im Nebenerwerb unterscheidet sich die Strategie bei der privaten Vermögensbildung auch zwischen Betrieben, die **fortgeführt,** und Betrieben, die **aufgeben werden**. Unabhängig von dieser Einteilung schützt eine vorsichtige Kalkulation der materiellen Leistungen aus dem Betrieb davor, den privaten Vorsorgebedarf zu unterschätzen. Insbesondere ein zu hoher Ansatz der Vermögenswerte oder der regelmäßig zu erwartenden Zahlungen (z. B. die Altenteilzahlung aus dem abgegebenen Betrieb) lassen die erwartete Vorsorgelücke im ersten Moment verhältnismäßig klein erscheinen.

Der Strukturwandel in der Landwirtschaft bedingt, dass landwirtschaftliche Betriebe auslaufen. Die Ursachen können sehr vielfältig sein. Das Fehlen eines Hofnachfolgers, eine mangelnde Betriebsgröße, veraltete Anlagen oder zu hohe Verbindlichkeiten könnten Bestimmungsgründe hierfür sein. Neben diesen möglichen Ursachen der Betriebsaufgabe spielt zusätzlich der Zeitpunkt der Betriebsaufgabe eine wichtige Rolle. Rückt die **Betriebsaufgabe** näher, stehen kurzfristig, über den in der Tabelle 3 aufgeführten Gewinn und die weiteren nachhaltigen Einkünfte hinaus, die Beträge der betrieblichen **Abschreibungen** als liquide Mittel für die private Vermögensbildung zur Verfügung. Wichtig ist auch, ob das frei werdende Kapital aus **Vieh- und Maschinenverkäufen** zur privaten Vermögensbildung zur Verfügung steht oder ob noch bestehende Verbindlichkeiten abzulösen sind. Des Weiteren ist zu klären, ob die Netto-Einnahmen aus der

Verpachtung von Flächen oder Gebäuden zusammen mit den zu erwartenden Renten und sonstigen Einnahmen ausreichen, um den Lebensunterhalt im Alter sicherzustellen. Die künftigen Einnahmen sollten dabei nicht überschätzt und die künftigen Ausgaben dürfen dabei nicht unterschätzt werden.

Viele Landwirte versäumten es in der Vergangenheit, sich um die private Altersvorsorge zu kümmern. Finanzielle Mittel wurden nicht ausreichend für die private Altersversorgung eingesetzt. Aus diesem Grund sind viele Altenteiler schon zu Beginn des Ruhestandes auf zusätzliche Beträge aus dem Betrieb angewiesen.

Damit die möglichen **Leistungen** des landwirtschaftlichen Betriebs zur Altersvorsorge richtig eingeschätzt werden können, müssen zunächst **zwei Fragen** beantwortet werden:

1. Ist für meinen Betrieb ein Hofnachfolger vorhanden?
2. Bietet mein Betrieb für einen Nachfolger auch weiterhin eine Existenzgrundlage oder ist mein Betrieb entwicklungsfähig?

Wer die beiden grundlegenden Fragen ehrlich beantwortet hat, kann sich Gedanken darüber machen, was mit seinem Betrieb beim Erreichen der Altersgrenze geschehen soll. Hierbei spielen emotionale Gründe (z. B. der Betrieb ist seit Jahren im Familienbesitz) eine mindestens genauso große Rolle wie finanzielle Gründe.

Bevor auf die einzelnen Verwendungsmöglichkeiten und deren Auswirkungen auf die Alterssicherung eingegangen wird, noch eine Anmerkung zur Betriebsaufgabe:

Die Abgabe eines landwirtschaftlichen Betriebes hat betriebswirtschaftliche, steuerliche und erbrechtliche Auswirkungen. Es empfiehlt sich daher dringend, sich rechtzeitig vor der Betriebsabgabe von versierten Fachleuten beraten zu lassen. Weitere Informationen zu diesem Thema enthält auch das aid-Heft 1240 „Betriebsaufgabe – den Neuanfang wagen".

4.1 WENN DER BETRIEB WEITERGEFÜHRT WIRD …

Beim **Verkauf des geschlossenen Betriebes** möchte der Veräußerer in der Regel den maximalen Verkaufserlös erzielen. Dazu ist es unter anderem erforderlich, durch geeignete Bekanntmachung einen möglichst großen Interessentenkreis anzusprechen.

Der Verkaufserlös sowie weitere Erlöse bei der Betriebsaufgabe aus Vieh- und Maschinenverkäufen können nach Abzug des Fremdkapitals sowie eventuell fällig werdender steuerlicher oder erbrechtlicher Zahlungen (Nachabfindungsansprüche beachten) für die Alterssicherung verwendet werden. Der verbleibende Betrag sollte unter Beachtung von Liquidität, Sicherheit und Rentabilität optimal angelegt werden.

Sofern der Betrieb nicht veräußert, sondern **verpachtet oder** im Zuge der vorweggenommenen **Hofübergabe** an den Hofnachfolger zum Eigentum übertragen werden soll, wird empfohlen, den Pachtpreis oder die Altenteilsleistungen vorab genau zu kalkulieren. Nur eine angemessene Pacht oder Altenteilsleistung ermöglicht es dem Betriebsnachfolger, die Substanz des Betriebes zu erhalten und den Betrieb weiterzuentwickeln.

landpixel.de / Christian Mühlhausen

Tabelle 3: Mögliche maximale Altenteilszahlung aus dem Betrieb (beim Bewirtschafter)

	Beispiel (€)	Eigener Betrieb (€)
Gewinn des Unternehmens	70.000	
+ Sonstige nachhaltige Einnahmen/Einkünfte	0	
− Tilgung bestehender Verbindlichkeiten	15.000	
− Eigenkapitalbildung für Nettoinvestitionen	5.000	
− Entnahmen für Lebenshaltung	27.500	
− Entnahmen für private Versicherungen	7.000	
− Entnahmen für Steuerzahlungen	5.500	
− Entnahmen für die private Vermögensbildung/ Altersvorsorge	1.000	
− Entnahmen für sonstige Einnahmen/Einkünfte	–	
− Zahlungen an weichende Erben	–	
Gesamt	**11.000**	

Zu hohe Pacht oder Altenteilsleistungen behindern die Entwicklung des Betriebes und gefährden zudem dessen Substanz. Dies kann auch zur Folge haben, dass die nachfolgende Enkelgeneration auf dem Betrieb keine Existenzgrundlage mehr findet.

Die Ermittlung der maximalen Leistungen für das bare und unbare Altenteil kann mit Hilfe oben stehender Tabelle ermittelt werden.

Bei der Kalkulation des verfügbaren Betrages für das bare und unbare Altenteil sollten die Zahlen aus **mindestens** drei zurückliegenden **Wirtschaftsjahren** einfließen. Wird lediglich ein Jahr für diese Berechnung verwendet, besteht die Gefahr, dass durch die zunehmenden Schwankungen der landwirtschaftlichen Betriebsergebnisse ungerechtfertigte Werte errechnet werden. Der auf Basis eines beispielsweise überdurchschnittlichen Jahres ermittelte Betrag für das Altenteil ist dann möglicherweise mittelfristig nicht zu erwirtschaften.

Bei der Ermittlung von Pachtpreisen können sowohl Brutto- als auch Nettopachten kalkuliert werden. Welcher Wert angesetzt wird, hängt entscheidend davon ab, wer die

Belastungen (z. B. Grundsteuer und Versicherungen) trägt. Eine besonders sorgfältige Kalkulation der Preise ist insbesondere notwendig, weil der Betrieb die Lebensgrundlage der Bewirtschafterfamilie darstellt. Ihr Vermögen muss erhalten und ihre Arbeit ordnungsgemäß entlohnt werden, um eine dauerhafte Motivation für die Bewirtschaftung des Betriebes zu erhalten.

Die zu zahlende Pacht hängt ganz entscheidend von den Einkommensmöglichkeiten oder den betrieblichen Kapazitäten ab. Ihre Berechnung wird nachfolgend erklärt. Für den Betrieb mit seinen begrenzt vorhandenen Kapazitäten, z. B. Flächen und Stallanlagen, ist zunächst der **Gesamtdeckungsbeitrag** des Hofes zu ermitteln. Hiervon abzuziehen sind die festen Kosten und Löhne für Fremdarbeitskräfte.

Unter Berücksichtigung des Lohnansatzes für die nicht entlohnten Familienarbeitskräfte ergibt sich der Reinertrag. Der Reinertrag steht zur Verfügung für:
- die Verzinsung des Verpächterkapitals
  (das Pachtentgelt),
- die Verzinsung des Pächterkapitals,
- das Entgelt der Unternehmertätigkeit,
- den Risikoausgleich.

In vielen Fällen wird der verbleibende **Reinertrag** zwischen Pächter und Verpächter geteilt, um die Nettopacht zu ermitteln. Beispielhaft wird in der Tabelle 4 die Berechnung einer angemessenen Nettopacht für einen ganzen Betrieb dargestellt.

Tabelle 4: Ermittlung angemessener Pachtpreise für ganze Höfe (ohne Inventar) als Lebensgrundlage einer Pächterfamilie (Nettopacht).

Beispiel: 70 ha Grünlandbetrieb mit 500.000 kg Milchreferenzmenge	(€)
Gesamtdeckungsbeitrag des Betriebes ohne Zinsansatz für das Eigenkapital nach Standard-Deckungsbeiträgen	115.000
+ Betriebsprämie	25.000
– Festkosten (nach Standard-Deckungsbeiträgen) ohne Zinsen und Pachten	60.000
= Betriebseinkommen	**80.000**
– Fremdlöhne	–
– Lohnanspruch für nicht entlohnte Familienarbeitskräfte	41.000
= Reinertrag	**39.000**
Davon 50 % = Nettopacht	**19.500**

Bei den Berechnungen wird von **durchschnittlichen Standarddeckungsbeiträgen** und **durchschnittlichen Festkosten** ausgegangen. So wird einerseits der Verpächter nicht durch eine unterdurchschnittliche Wirtschaftsweise des Pächters mit einer niedrigen Pacht belastet und andererseits dem Pächter nicht auf Grund einer durch sein Können bewirkten überdurchschnittlichen Wirtschaftsweise eine zu hohe Pacht aufgebürdet.

Ist bei Pachtbeginn bereits zu erkennen, dass außergewöhnlich schlechte Land- und Gebäudeverhältnisse vorhanden sind, muss man unter Umständen **Abschläge** vornehmen. Wenn ganze Höfe zu bereits bestehenden Produktionseinheiten **hinzugepachtet** werden, sind die möglichen Pachtpreise **anders** zu kalkulieren.

Liegen betriebsindividuelle Daten vor und sprechen besondere Gründe dafür, können Zu- oder Abschläge von den Standardwerten vorgenommen werden.

4.2 WENN DER BETRIEB NICHT FORTGEFÜHRT WIRD ...

Sofern der Betrieb nach Ausscheiden aus der aktiven Bewirtschafterzeit nicht fortgeführt wird, muss die Entscheidung, ob die Produktionsgrundlagen verpachtet oder verkauft werden sollen, sehr sorgfältig abgewogen werden. Das **Umlaufvermögen** wie Vieh und Maschinen wird in der Regel veräußert. Auch eine vorhandene **Referenzmenge** muss zurzeit (abgesehen von einigen Ausnahmen) über die Milchquotenbörse verkauft werden. Sofern nach der Ablösung der **Verbindlichkeiten** sowie **Steuer- und Erbzahlungen** (Nachabfindung) noch überschüssiges Kapital vorhanden ist, kann dieses zur privaten Altersvorsorge verwendet werden. Die nachfolgende Tabelle gibt einen Überblick über die Ermittlung der Überschüsse aus dem Verkauf von Betriebsteilen zum Zeitpunkt des Renteneintritts.

Ob Gebäude oder Flächen verkauft oder verpachtet werden, wird sehr häufig nicht nach ökonomischen, sondern nach emotionalen Gesichtspunkten entschieden. In der Regel werden Produktionsverfahren wie etwa Flächen stückweise verpachtet und die Familie wohnt weiterhin auf der Hofstelle.

Bei dieser Entscheidung wird oft übersehen, dass die Verpachtung aus ökonomischer Sicht oft nur die zweitbeste Lösung ist. Auch der Zeit- und Kostenaufwand für die Unterhaltung von großen Gebäuden und Hofflächen wird des Öfteren unterschätzt. So kann es auf Grund einer falschen Entscheidung dazu kommen, dass sich die Altenteiler später die Gebäudeunterhaltungskosten „vom Munde absparen" müssen. Die nachfolgend aufgeführte Tabelle gibt einen Überblick über die Ermittlung der Überschüsse aus der Vermietung oder Verpachtung von Betriebsteilen.

Tabelle 5: Überschuss aus dem Verkauf von Betriebsteilen

	Erwarteter Erlös/ Aufwand (€)	Erwarteter Buchwert (€)	Differenz (€)
Flächen			
+ Gebäude			
+ Viehvermögen			
+ Maschinen und Geräte			
+ Betriebsvorrichtungen			
+ Quoten			
= **Zwischensumme**			
Steuersatz auf Differenz			
− Steuerzahlung			⟵
− Erw. Verbindlichkeiten			
− Nachabfindungsansprüche			
Überschuss			

Für Landwirtsfamilien, deren Betrieb bei Erreichen der Altersgrenze ausläuft, muss es daher vorrangiges Ziel sein, die im Alter zu erwartenden Einnahmen mit den zu erwartenden Ausgaben in Einklang zu bringen. Hierfür sollten **frühzeitig** die Einnahmen (Pacht, Renten, Zinseinkünfte) realistisch eingeschätzt und den erwarteten Ausgaben gegenübergestellt werden. Je später die zukünftigen Altenteiler diese Überlegungen anstellen, desto schwieriger wird es, die finanzielle Lücke rechtzeitig zu schließen.

Da trotz gestiegener Pachtpreise in den vergangenen Jahren bei einer Verpachtung von Flächen meistens nur eine geringe Verzinsung (Pacht) des Kapitals stattfindet, bietet es sich hier an, Flächen oder den Betrieb zu verkaufen und den Verkaufserlös in renditeträchtigere Werte zu investieren. Ebenfalls sollte die Entscheidung über die **Zukunft der Hofstelle nicht nur „aus dem Bauch heraus"** gefällt werden.

Den **positiven Aspekten** wie etwa ein gutes soziales Umfeld, schöne Wohnlage und gewohnte Umgebung sollten auch einmal die **negativen Aspekte** wie hohe Gebäude-unterhaltungskosten und hoher Pflegeaufwand gegenübergestellt werden. Auch die Bereitwilligkeit vorgesehener Erben, ihren Wohnsitz an der Betriebsstelle zu nehmen und ihren Anteil an Pflege- und Unterhaltungsaufwand zu tragen, spielt sicherlich bei der Entscheidung über den Verkauf der Hofstelle oder des Betriebes eine Rolle.

Tabelle 6: Über-/Unterschuss aus Vermietung oder Verpachtung von Betriebsteilen

Einnahmen aus … (€)	Umfang	Erlös, Einheit	Einnahmen nach heutigen Verhältnissen
Grünland			
+ Gebäude			
+ Ackerland			
+ Immat. Vermögenswerte			
+ Gebäude (Stallplätze)			
+ Inventar			
+ …			
= **Summe**			
− Verbleibender Kapitaldienst			
− Gebäudeunterhalt			
− Maschinenkosten			
− Versicherungen			
− Steuern, Abgaben, Energie			
− Allgemeiner Aufwand			
− …			
= **Überschuss oder Unterschuss (jährlich)**			

BEURTEILUNG WEITERER EINKÜNFTE IM ALTER

Peter Meyer, aid

Betrachtet man die möglichen Einkunftsarten nach dem Eintritt in den „Ruhestand", so stehen dem angehenden Altenteiler noch einige Möglichkeiten für weitere Einnahmen im Alter offen. Die Rentenzahlung aus der landwirtschaftlichen Alterskasse setzt unter anderem voraus, dass die Regelaltersgrenze erreicht und 180 Beitragsmonate in die landwirtschaftliche Alterskasse geleistet wurden. Zudem muss der landwirtschaftliche Betrieb abgegeben werden. Somit spielt bei der Bemessung der künftigen Einkünfte das **Einkommen aus der Land- und Forstwirtschaft keine Rolle** mehr.

Zusätzliche Einkünfte, die über die Altersrente der landwirtschaftlichen Alterskasse, die mögliche Rente aus der gesetzlichen Rentenversicherung sowie die Leistungen aus dem landwirtschaftlichen Betrieb hinausgehen, resultieren **in der Regel aus einer vorher getätigten Investition**. Deshalb an dieser Stelle der Hinweis, dass im Folgenden keine Beurteilung der einzelnen Investitionsalternativen erfolgen soll. Diese liegen meistens in der Vergangenheit und sind nicht mehr zu beeinflussen. Hier wird der Fokus der Beurteilung darauf gerichtet, inwieweit die getätigten Investitionen nachhaltig einen Beitrag für die private Altersvorsorge leisten können.

Die Investition in Immobilien erfreut sich seit jeher in der Landwirtschaft, insbesondere in Zeiten, in denen steigende Inflationsraten erwartet werden, hoher Beliebtheit. Die Wertbeständigkeit dieser Anlageform steht häufig im Vordergrund. Doch inwieweit leisten die Erträge aus der Vermietung dieser Objekte einen Beitrag zur Absicherung des Lebensstandards im Alter?

Einkünfte aus der Vermietung von Gebäuden sind häufig anzutreffen und bilden dann ein zweites Einkommensstandbein zum landwirtschaftlichen Betrieb. Sollen diese Einnahmen allerdings bei der Altersvorsorge angerechnet werden, ist deren Ansatz **genau zu kalkulieren**. Wie bei allen Wertansätzen ist von bereits erwirtschafteten Werten auszugehen und der mögliche Beitrag für den späteren Lebensunterhalt genau zu ermitteln. Zu beachten ist, dass bei einem Ansatz für die Altersvorsorge diese Einkünfte auch **nachhaltig erzielt** werden müssen und z. B. nicht zehn Jahre nach Renteneintritt auslaufen.

Vor allem in Urlaubsregionen stellt die Vermietung von Wohnungen an Feriengäste eine zusätzliche Einkommensquelle dar. Die gesamte Organisation, die Betreuung der Gäste, die Reinigung und Instandhaltung der Wohnungen wird „in jungen Jahren" häufig noch in Eigenregie durchgeführt. Bei dem Ansatz für die Ermittlung der künftig zu erwartenden Vorsorgelücke ist allerdings genau zu kalkulieren: **Welche Aufgaben können im Alter noch selbst durchgeführt** und welche Aufgaben müssen künftig bezahlt werden? Dies verändert die Kalkulation, aufbauend auf den bisherigen Überschüssen, erheblich. Anders sieht es zwar aus, wenn ein Objekt dauerhaft vermietet ist und zunächst keine veränderten laufenden Ausgaben zu erwarten sind. Als Ansatz in die Berechnung der persönlichen Vorsorgelücke dürfen diese Überschüsse jedoch nur einfließen, wenn auch nachhaltig mit ihnen zu rechnen ist. Baut die private Altersvorsorge hauptsächlich auf diesen Einkünfte auf, ist sonst eine spätere Vorsorgelücke nach dem Wegfall dieser Einkünfte zu befürchten.

In beiden Fällen ist ein weiterer wichtiger Punkt zu bedenken, nämlich der Zustand der vermieteten Immobilien. Wann ist hier mit größerem **Renovierungsbedarf** zu rechnen? Dieser wichtige Punkt wird häufig vernachlässigt. Gerade bei der Vermietung an ständig wechselnde Feriengäste, deren Ansprüche an den Wohnkomfort stetig steigen, ist tendenziell mit steigenden Instandhaltungs- und Modernisierungsaufwendungen zu rechnen. Auch bei heute noch vergleichsweise neuen Immobilien mit bisher geringem Unterhaltsbedarf ist künftig von einem steigenden Renovierungsbedarf auszugehen. Diese Mittel stehen später nicht mehr für den eigenen Lebensunterhalt zur Verfügung.

Als weiteres Standbein zu einem landwirtschaftlichen Betrieb wird des Öfteren ein **gewerblicher Nebenbetrieb** errichtet. Bei den getätigten Investitionen in gewerbliche Nebenbetriebe sind in erster Linie die Installation von Fotovoltaikanlagen oder das Betreiben von Windkraftanlagen zu nennen.

Hier wird bei der Errichtung schon häufiger die Verbindung zur Altersvorsorge genannt. Werbeslogans wie „**Photovoltaik** – Ihre Altersvorsorge" sind zu lesen. Durch die Investition ist geplant, die erwirtschafteten Überschüsse aus dem Betrieb der Anlagen für den Lebensunterhalt im Alter zu verwenden. Aber auch bei einem Ansatz dieser Einnahmen für die künftige Altersvorsorge bestehen häufig nicht bedachte Risiken.

Insbesondere bei den Erträgen aus den Fotovoltaikanlagen gibt es bisher wenig Erfahrungswerte, wie lange eine solche Anlage wirtschaftlich zu betreiben ist. Aber genau

Peter Meyer, aid

dieser Punkt ist bei der Planung der Altersvorsorge von essenzieller Bedeutung. Nur Überschüsse, die auch dauerhaft zu erwarten sind, dürfen in die Kalkulation einfließen. Zudem gibt es mit der prognostizierten Reduzierung der Anlagenleistung einen weiteren Unsicherheitsfaktor bei der Ermittlung der zu erwartenden Überschüsse aus dem Betreiben der Fotovoltaikanlagen.

Längere Erfahrungswerte liegen mit den erwarteten Erträgen aus den **Windenergieanlagen** vor. Aber auch in diesem Bereich sowie bei vielen weiteren denkbaren Investitionen sollte kritisch die Frage gestellt werden, wie lange in das Rentenalter hinein die Überschüsse noch erwirtschaftet werden können. Ist eine Neuinvestition, die mindestens gleich hohe Überschüsse für die geplante Rentendauer erwirtschaften sollte, nicht möglich, ist ein Ansatz dieser Mittel für die Kalkulation der Vorsorgelücke nicht zu empfehlen.

Die beschriebenen Investitionen haben zudem einen Punkt gemeinsam: Die Aufwendungen für den **Abbau der Anlagen** sind von hoher Bedeutung. Werden diese Kosten bei der Kalkulation außer Acht gelassen, kommt spätestens dann das große Erwachen. Steuerlich sind hierfür häufig schon Rückstellungen gebildet worden. Diese haben bis dahin aber noch nicht die eigene Liquidität belastet. Gerade der Rückbau von Windmühlenstandorten kann besonders stark zu Buche schlagen. Befestigte Wege müssen unter Umständen aufgenommen und das Fundament bis einige Meter unter die Erdoberfläche wieder abgetragen werden. Auch der Abbau der Fotovoltaikanlage ist mit finanziellen Aufwendungen verbunden.

Sind diese Positionen vorher nicht mit einem ausreichenden Umfang einkalkuliert, wird bereits früh nach Renteneintritt der finanzielle Spielraum enger und der erhoffte Beitrag zur Altersvorsorge tritt nicht in dem geplanten Umfang ein.

Einkünfte durch weitere **nichtselbstständige oder selbstständige Tätigkeiten** (ehren-
amtlich oder nebenberuflich) werden **in der Regel nicht lebenslang** erwirtschaftet. Aus
diesem Grund sollten diese Einkünfte, auch wenn diese zunächst noch erarbeitet werden, bei der Beurteilung des Beitrages zur privaten Altersvorsorge unbeachtet bleiben.
Eine nachhaltige Absicherung des Lebensstandards ist hiermit nicht möglich.

Weitere Einkommensmöglichkeiten durch unterschiedliche Formen der privaten Geldanlage werden in Abschnitt 7 dieses Heftes erläutert.

Peter Meyer, aid

DEN ÜBERBLICK VERSCHAFFEN

06

6.1 ERMITTLUNG DER ZU SCHLIESSENDEN VORSORGELÜCKE

Viele Aspekte, die bei der finanziellen Planung des Ruhestandes eine Rolle spielen, wurden beschrieben. Aber welche finanzielle Vorsorgelücke gilt es nach dieser Bestandsaufnahme konkret zu schließen? Und welche Sparleistung ist heute notwendig, damit die künftigen Ansprüche unter Berücksichtigung von Inflation und einem steigenden Lebensstandard stets mit den späteren Einkünften im Einklang stehen? Als Zusammenfassung der bisherigen Ausführungen und als Ansatz für die Ermittlung der persönlichen Vorsorgelücke dient die nachfolgende Tabelle. Die hinterlegten Beispielzahlen werden nachfolgend erläutert.

Folgendes Vorgehen hat sich im Zusammenhang mit der abgebildeten Tabelle bei der Ermittlung der Vorsorgelücke **zum Zeitpunkt des Renteneintritts** bewährt:

● Zunächst wird der monatliche finanzielle Bedarf nach dem heutigen Geldwert ermittelt.

● Um der Geldentwertung und dem steigenden Lebensstandard bis zum Renteneintritt Rechnung zu tragen, wird der Betrag mit dem entsprechenden Hochrechnungsfaktor (s. Tabelle 8) multipliziert (1).

● Danach wird die zum Renteneintritt erwartete monatliche Rente nach heutigem Geldwert ermittelt. Dieser Betrag wird mit dem Hochrechnungsfaktor (s. Tabelle 8) in Abhängigkeit von der durchschnittlich erwarteten Steigerungsrate der Rentenleistungen und unter Berücksichtigung der Zeit bis zum Renteneintritt ermittelt (2).

● Die weiteren regelmäßig erwarteten Zahlungen zum Zeitpunkt des Renteneintritts werden nach dem heutigen Geldwert ermittelt (3, 5, 6, 7).

- Die einmaligen Ausgaben (z. B. Modernisierung der Wohnung oder altersgerechter Umbau) und die einmaligen Überschüsse aus beispielsweise dem Substanzverkauf oder aus Sparverträgen werden saldiert. Bei negativem Vorzeichen sind höhere einmalige Ausgaben als Einnahmen zu erwarten (8).

- Der Saldo aus den einmaligen Ausgaben und den einmaligen Überschüssen wird über einen selbst festgelegten Zeitraum, der sich am Durchschnitt des erwarteten Rentenbezugs orientieren kann (Tabelle 9), in gleichmäßig hohe Zahlungen aufgeteilt (9). Der Divisor für die saldierten Einmalbeträge wird in Abhängigkeit von dem Geldanlagezinssatz und der gewünschten Bezugsdauer errechnet und ist in der Tabelle 10 aufgeführt. Der errechnete Jahreswert ist durch 12 zu teilen. Im Ergebnis erhält man einen monatlich gleich hohen Betrag aus dem zum Zeitpunkt des Renteneintritts zur Verfügung stehenden Kapitalstock. Nach dem festgelegten Zeitraum ist der Kapitalstock jedoch aufgezehrt!

- Als Ergebnis wird die zu schließende monatliche Vorsorgelücke zum Zeitpunkt des Renteneintritts ermittelt. Ein negatives Vorzeichen deutet auf eine mögliche Vorsorgelücke zum Zeitpunkt des Renteneintritts hin (10).

Die beschriebene Vorgehensweise soll anhand des **Beispiels in Tabelle 7** verdeutlicht werden: Ein Landwirt sowie seine Ehefrau erreichen nach heutigen Kenntnissen

Tabelle 7: Ermittlung der zu schließenden Vorsorgelücke bei Renteneintritt

		Monatlich (€)	Einmalig (€)
Ausgaben für den Lebensunterhalt	(1)	− 3.017	− 10.000
+ Erwartete mtl. Zahlungen aus der gesetzlichen Absicherung	(2)	1.809	–
+ Überschüsse aus der Verpachtung	(3)	0	–
+ Einmalige Überschüsse aus Verkäufen	(4)	–	40.000
+ Bare Altenteilszahlungen	(5)	800	0
+ Überschüsse aus weiteren Einkunftsarten	(6)	0	0
+ Garantierte Leistungen aus bestehenden Versicherungen	(7)	0	0
= Saldo einmalige Geldüberschüsse bei Renteneintritt	**(8)**	**–**	**30.000**
Verrentung der Geldüberschüsse: + Erwarteter Realzins 1 %, verrentet über 20 Jahre	(9)	139 (1.662 : 12)	1.662 (jährlich)
= Zu schließende Vorsorgelücke (monatlich)	**(10)**	**− 269**	**3.228 (jährlich)**

in 30 Jahren das Renteneintrittsalter. Die künftige Inflation wird mit durchschnittlich 2 Prozent erwartet, der durchschnittliche Geldanlagezinssatz mit 3 Prozent. Eine erste Ermittlung des Bedarfs ergibt nach heutigen Kenntnissen 1.667 € monatlich. Dieser Wert ist mit dem Faktor 1,81 aus der Tabelle 8 zu multiplizieren (30 Jahre bis zum Renteneintritt, 2 Prozent Inflation). Ein Bedarf von 3.017 € besteht zum Zeitpunkt des Renteneintritts.

Im zweiten Schritt erwartet das Ehepaar bei weiterer Einzahlung in die landwirtschaftliche Alterskasse zusammen 1.340 € aus der gesetzlichen Rentenversicherung und der Alterskasse. Eine durchschnittliche Steigerung der Leistungen von jährlich 1 Prozent wird angenommen. 1.340 € sind mit dem Faktor 1,35 (Tabelle 8) zu multiplizieren und ergeben 1.809 €.

10.000 € für den Wohnungsumbau zum Zeitpunkt des Renteneintritts und 40.000 € einmalige Erlöse sind eingeplant. Für den Betrieb haben die Eheleute ein angemessenes Altenteil in Höhe von 800 € monatlich ermittelt. Weitere Einkünfte sind aus heutiger Sicht nicht zu erwarten.

Tabelle 8: Hochrechnungsfaktoren auf das Alter des Renteneintritts

Jahre bis zum Renteneintritt	– Jährliche Geldentwertung und steigender Lebensstandard – Jährliche Steigerungsrate der Leistungen			
	1 %	2 %	3 %	4 %
5	1,05	1,10	1,16	1,22
10	1,10	1,22	1,34	1,48
15	1,16	1,35	1,56	1,80
20	1,22	1,49	1,81	2,19
25	1,28	1,64	2,09	2,67
30	1,35	1,81	2,43	3,24

Tabelle 9: Zu erwartender Zeitraum der Altersversorgung

Im Alter von … Jahren	… beträgt die mittlere Lebenserwartung noch weitere … Jahre	
	Männer	Frauen
40	38	43
45	34	38
50	29	34
55	25	29
60	21	25
61	20	24
62	19	23
63	19	22
64	18	21
65	17	20

Im Folgenden stellt sich die Frage, wie die einmaligen Geldüberschüsse von 30.000 € in die Berechnung, die monatliche Werte erfordert, einzubeziehen sind. Unterstellt wird die Einmalanlage dieser Summe. Ziel ist es, über die nächsten 20 Jahre (Tabelle 9) monatlich einen gleich hohen Betrag zu entnehmen. Bei einem Prozent Realverzinsung (3 Prozent Geldanlagezinssatz abzgl. 2 Prozent Inflation) ist der Divisor 18,05 aus Tabelle 10 zu entnehmen. 30.000 € : 18,05 ergeben jährlich gleich hohe Entnahmen von

1.662 € unter Berücksichtigung von Zins und Zinseszins für die nächsten 20 Jahre. Monatlich stehen damit also 139 € für das Schließen der Vorsorgelücke zur Verfügung.

Nachdem die Vorsorgelücke zum Zeitpunkt des Renteneintritts ermittelt ist, stellt sich die Frage, welche **Sparleistung** erforderlich ist, damit der voraussichtliche Bedarf im Alter mit den künftigen Einnahmen im Einklang steht. Hierfür sind noch **zwei weitere Schritte** notwendig.

Tabelle 10: Der Kapitalstock soll für … Jahre bei … % Realverzinsung ausreichen.

Real-zins Jahre	1 %	2 %	3 %	4 %
5	4,85	4,71	4,58	4,45
10	9,47	8,98	8,53	8,11
15	13,87	12,85	11,94	11,12
20	18,05	16,35	14,88	13,59
25	22,02	19,52	17,41	15,62
30	25,81	22,40	19,60	17,29
35	29,41	25,00	21,49	18,66

1. Ermittlung des Kapitalstocks, der bei einer verzinslichen Anlage erforderlich ist, um den monatlichen Fehlbetrag ab dem Renteneintritt zu decken. Bei dieser Ermittlung sind eine Geldentwertung ab Renteneintritt und ein steigender Lebensstandard dadurch zu berücksichtigen, indem vom Sparanlagezinssatz ein entsprechender Abschlag vorgenommen wird und der Realzinssatz verwendet wird. Der ermittelte Faktor (Tabelle 10) ist mit der jährlichen Vorsorgelücke zu multiplizieren. Im Ergebnis wird der anzusparende Betrag zum Schließen der Vorsorgelücke ausgewiesen.

Tabelle 11: Divisoren

Verbleibende Jahre bis zum Ruhestand	Divisor bei … % jährlichen Zinsen und Zinseszinsen für das gesparte Geld			
	2 %	3 %	4 %	5 %
5	5,31	5,47	5,63	5,80
10	11,17	11,81	12,49	13,21
15	17,64	19,16	20,82	22,66
20	24,78	27,68	30,97	34,72
25	32,67	37,55	43,31	50,11
30	41,38	49,00	58,33	69,76
35	50,99	62,28	76,60	94,84

2. In einem zweiten Schritt stellt sich die Frage, wie viel Geld monatlich anzusparen ist, damit zum Renteneintritt auch der notwendige Kapitalstock zum Schließen der Vorsorgelücke zur Verfügung steht. Der anzusparende Betrag ist durch den in der Tabelle 11 ausgewiesenen Wert zu dividieren. In Abhängigkeit von den verbleibenden Jahren bis zum Renteneintritt und dem Anlagezinssatz variiert dieser Wert.

Der folgende Rechengang gibt beispielhaft die beiden beschriebenen Punkte wieder:

Jahresfehlbedarf (€)		Kapitalisierungsfaktor (s. Tabelle 10)		Kapitalstock für den Ruhestand (€)
3.228 (269 € x 12)	x	18,05 (20 Jahre, 1 %)	=	58.265

Kapitalstock für den Ruhestand (€)		Faktor (s. Tabelle 11)		erforderliche Jahressparrate (€)
58.265	:	49,00 (30 Jahre, 3 %)	=	1.189

Ein **Renteneintritt vor dem 65. Lebensjahr** bedeutet, dass der finanzielle Anspruch an das angehende Altenteilerehepaar deutlich steigt. Durch die kürzere Lebensarbeitszeit sind geringere Rentenzahlungen aus der gesetzlichen Absicherung zu erwarten. Zudem ist über einen längeren Zeitraum der Lebensunterhalt aus den künftigen (außerlandwirtschaftlichen) Einnahmen zu bestreiten und es müssen mehr Finanzmittel im Vergleich zu dem Renteneintritt mit Vollendung des 65. Lebensjahres für die Altersversorgung zur Verfügung stehen.

6.2 WELCHE MITTEL STEHEN FÜR DIE PRIVATE VERMÖGENSBILDUNG ZUR VERFÜGUNG?

Die persönliche Vorsorgelücke ist nach sorgfältiger Kalkulation ermittelt. Häufig tritt Ernüchterung ein, dass die erwarteten Zahlungen aus der gesetzlichen Absicherung, den erwarteten Zahlungen aus dem landwirtschaftlichen Betrieb, den weiteren möglichen Einnahmen sowie aus der bisherigen Vorsorge nicht ausreichen, um den geplanten Lebensstandard in einigen Jahren abzusichern. Doch je früher man sich einen ersten Überblick über die erwarteten Einnahmen und Ausgaben verschafft, desto mehr Zeit verbleibt zum Ansparen des notwendigen Kapitals und desto geringer fallen die notwendigen finanziellen Anstrengungen dafür aus. Somit stellt sich abschließend die Frage, welche finanziellen **Mittel heute vorhanden** sind, um noch rechtzeitig die ermittelte Vorsorgelücke zu schließen. Mit Hilfe der unten stehenden Tabelle 12 sind die für die private Vermögensbildung zur Verfügung stehenden finanziellen Mittel aus der Buchführung zu ermitteln.

Tabelle 12: Ermittlung der verfügbaren Finanzmittel für die private Altersvorsorge

	Beispiel (€/Jahr)	Eigener Betrieb (€/Jahr)
Gewinn laut Buchführung (Ø 3 WJ)	64.110	
+/– Korrektur Gewinn (a. o. Aufwendungen/Erträge)	0	
+ Sonstige laufende Einnahmen, Einkünfte	0	
– Tilgung von Krediten	12.500	
– Eigenmittel für Investitionen	5.486	
– Bedarf für die Lebenshaltung	25.432	
– Altenteil bar und unbar	9.000	
– Private Versicherungen	6.242	
– Private Steuern	4.250	
– Unterhaltsverpflichtungen u. Ä.	0	
– Bestehende Vorsorgeaufwendungen	0	
Reserve für die zusätzliche private Vermögensbildung (jährlich)	**1.200**	

Grundsätzlich stehen der Gewinn und die weiteren Einkünfte nicht im vollen Umfang für die Vermögensbildung zur Verfügung. Die Kosten für Lebenshaltung, private Versicherungen und Steuern, Leistungen an die heutigen Altenteiler, Eigenmittel für Investitionen (Inflationsausgleich!) und die Tilgung der bestehenden Darlehen sind vorab zu erbringen. Mit in Abzug zu bringen sind die Zahlungen, die für bestehende Sparverträge und Vorsorgeversicherungen oder Unterhaltszahlungen geleistet werden. Die erwarteten garantierten Erträge sind bei der Ermittlung der Vorsorgelücke berücksichtigt und setzen eine weitere regelmäßige Bedienung der Verträge voraus. Der dann verbleibende Betrag steht für die zusätzliche private Vermögensbildung und somit zum Schließen der ermittelten Vorsorgelücke zur Verfügung.

Zu bedenken ist, dass der ausgewiesene Betrag lediglich eine Momentaufnahme und einen erster Betrag für mögliche zusätzliche Vorsorgeleistungen ausweist. **Die Schwankung der** landwirtschaftlichen **Gewinne** hat in der jüngsten Vergangenheit vor allem durch stärkere Preisschwankungen der Produktpreise zugenommen. Zusätzlich nehmen diese Schwankungen bei immer größer werdenden Betriebseinheiten mit höherem Spezialisierungsgrad zu. Vor diesem Hintergrund sollten die regelmäßig zu leistenden Sparbeiträge nicht zu hoch gewählt werden. Die **Möglichkeit von Einmalzahlungen** in Sparverträge oder Versicherungen sollte bestehen. So kann in besseren Jahren entsprechend der vorhandenen Liquidität die Sparleistung aufgestockt werden.

Zusätzlich ändern sich stetig die finanziellen Bedürfnisse in der landwirtschaftlichen Familie (Ausbildung der Kinder, Erneuerung der Wohnungseinrichtung, größere Familienfeiern usw.) und die außerlandwirtschaftlichen Einkünfte. Dieses bedingt, dass die eingesetzten finanziellen Mittel für die private Vermögensbildung und der Finanzierungsbedarf laufend aufeinander abgestimmt werden müssen.

In dem oben aufgeführten Beispiel stehen pro Jahr 1.200 € für die private Altersvorsorge zur Verfügung. Grundsätzlich sollten folgende Kriterien erfüllt sein, wenn das Angesparte einen Beitrag zur späteren Altersversorgung leisten soll:

- Das Geld muss ab dem gewünschten Eintritt in den Ruhestand fließen.
- Der Betrag sollte den Fehlbetrag zwischen der gesetzlichen Vorsorge und den finanziellen Bedürfnissen der künftigen Altenteiler voll decken.
- Die Mittel aus dieser Altersversorgung müssen möglichst inflationssicher bis zum Lebensende gezahlt werden.

Wer mit seiner finanziellen Absicherung im Alter nicht den Hofnachfolger belasten will, sollte durch eine Vorsorgeanalyse den notwendigen Geldbedarf für das Alter ermitteln und frühzeitig beginnen zu sparen. So ist zu vermeiden, dass der spätere Hofnachfolger nicht mehr Altenteilszahlungen aus dem Betrieb heraus zu erwirtschaften hat, als dieser wirtschaftlich leisten kann.

Eine weitere Möglichkeit zur Berechnung der Vorsorgelücke bietet der aid auf seiner Homepage www.aid.de. Im Bereich Landwirtschaft > Ökonomie + Soziales > Versicherungen finden Sie einen interaktiven Rentenrechner, der bei Eingabe der entsprechenden Zahlen eine automatisierte Berechnung des Fehlbetrages zu Rentenbeginn, des Kapitalbedarfs und einer durchschnittlichen monatlichen Sparrate ermöglicht. Auch Alternativrechnungen sind mit sehr wenig Aufwand durchzuführen, sodass verschiedene Szenarien durchgespielt werden können.

FORMEN DER PRIVATEN ALTERSVORSORGE

7.1 GRUNDSÄTZE

Es gibt zahlreiche Möglichkeiten, Geld für die Altersvorsorge zu investieren. Banken, Versicherungen und andere Finanzdienstleister werden nicht müde, immer neue Produkte und Wege anzubieten.

Um sich jedoch entscheiden zu können, sollten einige grundsätzliche Aspekte bedacht werden:

- Grundsätzlich gilt Schuldentilgung vor Sparen. Ersparte Zinsen für Fremdkapital sind stets höher als gezahlte Zinsen für sichere Geldanlagen.
- Nicht alle verfügbaren Mittel in eine Anlageform investieren. Mit einer Streuung reduziert sich auch das Verlustrisiko. Außerdem lassen sich so die Laufzeiten variieren. Ein möglicher Nachteil ist jedoch die Erhöhung der Abschlusskosten.
- Je weniger Finanzmittel zur Verfügung stehen, umso sicherer sollten sie angelegt sein. 100.000 € in Spareinlagen und auf Girokonten je Bank sind beispielsweise absolut sicher. Der spätere Grundbedarf sollte auf jeden Fall gedeckt sein und nicht von günstigen Kursentwicklungen abhängig sein. Spekulationen haben in der Alterssicherung nichts zu suchen! Für die Planung der eigenen Vorsorge sollten nur die garantierten Auszahlungen berücksichtigt werden.
- Spardisziplin bewahren, sofern es denn nicht zulasten der aktuellen Liquidität geht. Das bedeutet zum einen, sich nicht durch kurzfristig andere Ziele (Schlepperkauf ohne dringendes Erfordernis) verleiten zu lassen und das Altersvorsorgekonto zu

plündern. Zum anderen heißt dies aber auch, nicht Geldanlage um jeden Preis zu betreiben. Wenn sie dann auch noch zu Überziehungszinsen auf dem laufenden Konto führt, wird sie erst recht unsinnig.

- Mäßiges Grundsparen statt finanzieller Überforderung.
  Es ist zweckmäßiger, die regelmäßigen Sparbeiträge gering zu halten und sie dann je nach Gewinnlage durch Einmalzahlungen aufzustocken. Ohnehin empfiehlt es sich gerade bei Selbstständigen, flexible Anlageformen zu wählen, anstatt lang laufende Verträge abzuschließen, die nicht selten die sinnvolle betriebliche Entwicklung behindern können oder zu finanzieller Überforderung führen.

- Nicht zu früh mit der Altersvorsorge starten.
  Junge Menschen benötigen noch keine lückenlose Altersvorsorge, solange sie ihre dafür nachhaltig verfügbaren Finanzmittel gar nicht kalkulieren können.

- Staatliche Zulagen und steuerliche Vorteile nutzen!
  Das ist beispielsweise ein Argument für den Abschluss eines Riester-Vertrages bereits und gerade in jungen Jahren. Bei in Aussicht gestellten Steuervorteilen ist grundsätzlich Vorsicht geboten! Ist die individuelle Situation berücksichtigt? Bestehen die Steuerersparnisse während der gesamten Laufzeit? Das ist gerade bei Selbstständigen kaum vorhersehbar, geschweige denn garantiert!

aid

7.2 STAATLICH GEFÖRDERTE ALTERSVORSORGE

Der Staat honoriert die Investition in die eigene Altersvorsorge in Form von Zulagen und Steuervorteilen. Zu diesem Zweck hat er zwei Produkte ins Leben gerufen, die jeweils in zahlreichen Varianten angeboten werden: Die Riester-Rente und die Rürup-Rente.

Riester-Rente

Die Riester-Förderung kommt für alle in Frage, die entweder selbst rentenversicherungspflichtig beschäftigt oder solchen gleichgestellt sind (Kindererziehung, Pflege). Dazu zählen auch alle Personen, die Pflichtbeiträge zur Alterskasse zahlen. Ebenso können Beamte und Wehr- und Zivildienstleistende in den Genuss der Förderung kommen. Schließlich gibt es noch die Möglichkeit der „mittelbaren" (indirekten) Förderfähigkeit, indem man selbst zwar nicht förderfähig ist, wohl aber der Ehepartner.

Die volle Förderung erhält, wer mindestens vier Prozent seines maßgeblichen Bruttoeinkommens als Summe aus Eigenbeiträgen und staatlichen Zulagen auf seinen Riester-Vertrag einzahlt. Der Höchstbetrag für die steuerliche Anerkennung beträgt 2.100 Euro pro Jahr.

Die Höhe der Zulagen beträgt seit 2008:

- Grundzulage: 154 Euro
- Kinderzulage: 185 Euro pro Kind
- 300 Euro bei Geburten ab 2008

Bei Vertragsabschluss vor Vollendung des 25. Lebensjahres gewährt der Staat einen einmaligen Bonus von 200 Euro zusätzlich.

Die Zulagen werden nur auf Antrag gewährt. Dieser gilt jedoch auf Dauer und muss nur geändert werden, wenn beispielsweise ein Kind dem Kindergeld entwachsen ist. Maßstab für die Berechnung des Eigenbeitrags ist das Einkommen, auf Grund dessen die Versicherungspflicht besteht. Bei Land- und Forstwirten beispielsweise der Gewinn aus Land- und Forstwirtschaft des Vorvorjahres, bei Arbeitnehmern der sozialversicherungspflichtige Bruttolohn des Vorjahres.

Beispiel: Landwirt, 50.000 € Gewinn, 2 Kinder, geboren 1992 und 1997

Gesamte Sparleistung (€)	Eigene Zulage (€)	Kinderzulage (€)	Zulage gesamt (€)	Eigenbeitrag (€)
2.000 (4 % von 50.000)	154	2 x 185 = 370	524 (154 + 370)	1.476 (2.000 – 524)

Personen mit geringem oder keinem Einkommen, die aber pflichtversichert in der gesetzlichen Rentenversicherung oder in der Alterskasse sind, müssen einen Sockelbetrag in Höhe von 60 Euro zahlen, um die volle Zulage zu bekommen.

Beispiel: Ehefrau eines landwirtschaftlichen Unternehmers, alterskassenpflichtig, kein Einkommen, 3 Kinder, geboren 2002, 2005, 2008

Gesamte Sparleistung (€)	Eigene Zulage (€)	Kinderzulage (€)	Zulage gesamt (€)	Sockelbeitrag (€)
884	154	2 x 185 = 370 1 x 300 = 300	824 (154 + 670)	60

Fazit: Bei 884 € Sparleistung zahlt die Bäuerin einen Eigenbeitrag von nur 60 €, d. h. 93 Prozent der Sparleistung werden durch die Zulage finanziert.

Kinderzulagen werden entweder der Mutter oder dem Vater zugeschrieben. Sie können aber bei mehreren Kindern auch geteilt werden. Eltern erhalten so lange Kinderzulage, wie sie auch Anspruch auf Kindergeld haben.

Wer nicht selbst zulagenberechtigt ist, kann eventuell über den Ehepartner zum Kreis der mittelbar Förderberechtigten gehören. Das trifft für viele Bäuerinnen zu, die sich mit Einführung der eigenständigen Alterskassenpflicht durch eine befreiende Lebensversicherung von der Beitragspflicht zur Alterskasse haben befreien lassen und nicht anderweitig rentenversicherungspflichtig sind. Sie können ebenfalls einen Riester-Vertrag abschließen und Zulagen erhalten, allerdings nur, wenn der Ehepartner einen Vertrag unterzeichnet. Diese Bäuerinnen mussten bis einschl. 2011 keinen Eigenbeitrag zahlen. Außerdem kann der Ehemann bei der Berechnung seines Eigenbeitrags die Zulage der Ehefrau mit in Abzug bringen, obwohl er sie nicht direkt erhält. Ab 2012 muss dieser Personenkreis ebenfalls den Mindestbeitrag von 60 € auf sein Riester-Konto einzahlen.

Einmal jährlich verschickt der Anbieter die Zulagenbescheide. Diese gilt es sorgfältig zuprüfen. Oftmals wird nicht die volle Zulage gewährt, weil der Eigenbeitrag zu niedrig oder die Einkommenshöhe nicht korrekt angegeben wurde. Oder aber die Zulage wird zurückgefordert, weil im Vertrag die Beitragspflicht zur Alterskasse nicht deutlich deklariert wurde. Dann gilt es, aktiv zu werden, um die Zulagen zu sichern oder für die Zukunft in voller Höhe zu erhalten.

Neben den staatlichen Zulagen gewährt der Staat Riester-Sparern unter bestimmten Voraussetzungen auch steuerliche Vorteile. Der Höchstbetrag für die Förderung liegt bei 2.100 Euro Sparleistung. Das bedeutet auch, dass bei höheren Einkommen die Summe aus Eigenbeitrag und Zulagen diesen Betrag nicht überschreiten muss, um die volle Förderung zu erhalten.

Die steuerliche Betrachtung nimmt das Finanzamt von Amts wegen für jeden Riester-Sparer nach Abgabe der Steuererklärung vor. Im Rahmen dieser Günstigerprüfung werden die Eigenbeiträge und Zulagen als Sonderausgaben vom zu versteuernden Einkommen abgezogen. Ist die Steuerersparnis für den Riester-Sparer dadurch höher als die Summe der staatlichen Zulagen, wird die Differenz direkt erstattet.

Zahlen indirekt förderfähige Personen einen Eigenbeitrag auf ihren Vertrag ein, so wirkt dieser nur steuermindernd, wenn die Beiträge und Zulagen beider Ehepartner zusammen nicht den Höchstbetrag von insgesamt 2.100 Euro überschreiten. Sind dagegen beide Ehepartner direkt zulagenberechtigt, so gilt die Höchstgrenze von 2.100 Euro für jeden Einzelnen.

Voraussetzung für die steuerliche Anerkennung ist, mit der Steuererklärung den Vordruck für den speziellen Sonderausgabenabzug sowie die Bestätigung des Anbieters über die eingezahlten Beiträge einzureichen.

Coloures-Pic – Fotolia.com

Riester-Verträge gibt es in Form von Fondssparplänen, Banksparplänen und Rentenversicherungen.

Riester-Fondssparpläne bieten die höchsten Rendite-Chancen. Sie eignen sich besonders für jüngere Sparer, da sie noch viele Jahre Zeit bis zur Rente haben und vorübergehende Börseneinbrüche aushalten können. Wer seinen Vertrag bis zum Renteneintritt durchhält, muss dennoch keinen Verlust fürchten. Auch bei niedrigen Kursen muss die Fondsgesellschaft mindestens das eingezahlte Kapital plus Zulagen als Rente garantieren.

Riester-Banksparpläne eignen sich für ältere Sparer sowie für alle, die das Risiko der Fondsanlage scheuen und stattdessen eine solide Verzinsung garantiert haben möchten. Außerdem entstehen so gut wie keine Nebenkosten. Riester-Rentenversicherungen haben dagegen gerade die hohen Abschluss- und Verwaltungskosten als Nachteil. Das gilt umso mehr für fondsgebundene Riester-Rentenversicherungen. Bei einer vorzeitigen Kündigung sind durchaus Verluste möglich.

In der Regel ist eine Beitragsfreistellung günstiger, weil dann die Garantiewerte erhalten bleiben. Die weiteren Zulagen lassen sich dann über einen rentableren Neuvertrag sichern.

Die spätere Riester-Rente wird frühestens ab dem 60. Geburtstag (bei Abschlüssen ab 2012 erst ab dem 62. Geburtstag) ausgezahlt, auch wenn die Altersrente erst später einsetzt. Auf Antrag werden 30 Prozent des Kapitals als Einmalzahlung ausgeschüttet. Grundsätzlich handelt es sich jedoch um eine lebenslange Rente. Nur wenn die monatliche Rentenhöhe unterhalb einem Prozent der Bezugsgröße liegt – 2013 sind das 32,34 Euro Monatsrente –, ist das Riester-Guthaben komplett auszahlbar.

Die Riester-Rente unterliegt in voller Höhe der Steuer-, nicht aber der Sozialabgabenpflicht. Freiwillig versicherte Riester-Rentner müssen allerdings auch von dieser Rente Kranken- und Pflegekassenbeiträge entrichten.

Wohn-Riester

Seit 2008 ist in dieser Rubrik das Wohn-Riestern als weitere Variante hinzugekommen. Es wird als Bausparvertrag, Darlehen oder Bauspar-Kombi-Kredit angeboten. Doch nicht nur die neu entstandenen Riester-Bausparverträge, auch jeder andere Riester-Vertrag kann für den Erwerb einer selbst genutzten Wohnimmobilie verwendet werden. Darüber hinaus gibt es die Zulagen und Steuervorteile auch für die Tilgung eines mit dieser Aktion verbundenen Kredits.

Das Prinzip ist dem oben beschriebenen vergleichbar. Lediglich bei der steuerlichen Betrachtung gibt es Unterschiede: Alle während der Ansparphase geförderten Beträge werden einem fiktiven Wohnförderkonto gutgeschrieben und mit zwei Prozent verzinst. Mit Rentenbeginn startet dann auch die Versteuerung dieses rechnerischen Kontostandes bis hin zum 85. Lebensjahr. Wer also mit 65 Jahren in Rente geht, dem wird der Betrag des Wohnförderkontos auf 20 Jahre verteilt und mit dem individuellen Steuersatz belastet. Wer dagegen die Steuerlast in einer Summe zahlen will, bekommt 30 Prozent erlassen.

Interessant ist es jedoch nur, wenn sicher ist, dass der Vertrag für den Bau oder Kauf einer Immobilie verwendet wird, die dauerhaft (lebenslang) selbst genutzt wird. Riester-Bausparverträge sind bei unsicheren Eigenheim-Plänen dagegen nicht zu empfehlen, da die Guthabenzinsen viel zu niedrig sind. Wer dagegen schon bald ein eigenes Wohnhaus bauen oder kaufen will, für den sind Riester-Immobilienkredite die erste Wahl. Denn die Beiträge und Zulagen werden sofort zur Tilgung herangezogen und sparen Kreditkosten. Kombikredite sind dagegen eher nicht zu empfehlen.

Gerade in der Landwirtschaft kann Wohn-Riester aber im Nachhinein teuer werden. Wer die geförderte Immobilie nicht dauerhaft selbst bewohnt – etwa wegen Umzugs ins Altenteilerhaus oder in ein Pflegeheim –, muss das Wohnförderkonto sofort auflösen und versteuern – und zwar ohne Rabatt. Gleiches gilt, wenn die Wohnung bei Hofübergabe auf den Nachfolger übergeht. Vermeiden lässt sich dieser steuerliche Nachteil nur, wenn der gesamte Betrag des Wohnförderkontos innerhalb von vier Jahren in eine andere selbst genutzte Immobilie investiert wird. Dazu zählt auch der Kauf eines

Dauerwohnrechts in einem Senioren- oder Pflegeheim. Eine andere Möglichkeit ist die Einzahlung in einen neuen Riester-Vertrag, aber nur dann, wenn das Rentenalter noch nicht erreicht ist.

Rürup-Rente

Wer einen nach dem Wirtschaftsexperten Bert Rürup benannten Vertrag – auch als Basis-Rente bezeichnet – abschließt, profitiert vor allem vom Steuervorteil in der Ansparphase, sofern denn überhaupt Steuern in nennenswertem Umfang entrichtet werden müssen. Wer Steuern zahlen muss, dem kommt ein jährlich steigender Sonderausgabenabzug für klar definierte Altersvorsorgeaufwendungen zugute. Zu diesen zählen aber nicht nur die Beiträge zur Rürup-Rente, sondern auch diejenigen zur gesetzlichen Rentenversicherung, zur Alterskasse sowie zur betrieblichen Altersversorgung und zu berufsständischen Versorgungswerken. Im Jahre 2013 konnten 76 Prozent und maximal 15.200 € steuerfrei in die genannten Altersvorsorgesysteme investiert werden. Bei Ehepaaren verdoppelt sich der Betrag. Der begünstigte Anteil steigt jährlich um zwei Prozent bis 2025. Dann sind 100 Prozent und höchstens 20.000 € pro Person abzugsfähig. Selbstverständlich sind auch geringere Einzahlungen möglich.

Die Steuervergünstigungen gibt es seit 2010 jedoch nur noch mit zertifizierten Verträgen. Für alte Verträge muss das Zertifikat nachgereicht werden. Die Anerkennung gibt es nur, wenn die folgenden gesetzlichen Vorgaben erfüllt sind:

● Rentenbeginn frühestens ab Vollendung des 60. Lebensjahres (Vertragsabschluss ab 2012: 62. Lebensjahr),
● Reine Rentenversicherung, keine Kapitalauszahlungen möglich,
● Vertragskapital ist nicht pfändbar, beleihbar, rückkauffähig oder vererbbar.

Die spätere Rente ist somit eine Leibrente. Sie unterliegt wie die gesetzliche Rente der Besteuerung.

Wie bei der Riester-Rente ist das Vorsorgevermögen während der Ansparphase im Falle einer Insolvenz geschützt.

Rürup-Renten können mit folgenden Zusatzversicherungen gekoppelt werden, deren Beitragsanteile dann ebenfalls steuermindernd wirken:

Berufsunfähigkeitsrente

Maximal 49,99 Prozent des Betrages dürfen in den Zusatzschutz fließen. Wer ansonsten keinen Berufsunfähigkeitsschutz hat oder bekommt, für den kann dies interessant sein, da die Gesundheitsprüfung nicht so streng ist. Grundsätzlich ist jedoch zu bedenken, dass vor allem jüngere Menschen eine Berufsunfähigkeitsversicherung benötigen. Sie können aber noch gar nicht abschätzen, wie sich ihre Steuerlast entwickeln wird. Folglich sollten sie sich bezüglich Rürup-Rente zurückhalten, vor allem bei Verträgen, die eine regelmäßige Einzahlung erfordern. Somit scheidet die Kopplung mit einer Risikoversicherung aus, denn dort kommt es auf eine kontinuierliche Beitragszahlung an.

Hinterbliebenenabsicherung

Entsprechende Leistungen können nur für Ehegatten und kindergeldberechtigte Kinder vereinbart werden. Sinnvoller ist jedoch der Abschluss einer separaten Risikolebensversicherung. Eine Beitragsrückgewähr während der Ansparphase sollte allerdings Bestandteil des Rürup-Vertrages sein, denn dann fließt das eingezahlte Kapital bei Tod vor Rentenbeginn an die Erben.

Wie bei klassischen Rentenversicherungen (Kapitel 7.3) gibt es verschiedene Varianten der Überschussbeteiligung. Auch Banken und Investmentgesellschaften bieten Rürup-Verträge an. Im Gegensatz zur Riester-Rente gibt es jedoch keine gesetzlich festgeschriebene Garantie für den Kapitalerhalt oder gar eine Verzinsung.

Zu bedenken ist trotz Steuervorteil der Zusatzbeiträge, dass sie die spätere Rente deutlich senken. Jedes Mehr an Absicherung geht zulasten der Rendite. Wer während der Einzahlungsphase keine deutlichen Steuervorteile hat, sollte hinsichtlich seiner Altersvorsorge ohnehin nicht auf dieses Produkt bauen. Ferner darf nicht vergessen werden,

pressmaster – Fotolia.com

dass es sich um eine Leibrente handelt. Wer also lange und viele Basis-Rentenbeiträge einzahlt, sammelt beachtliches Kapital an, dessen Rendite letztlich von seiner eigenen Lebenserwartung abhängt. Wer dagegen früh verstirbt, hinterlässt das Geld der Versicherung. Die Investition in eine Rürup-Rente ist also für all diejenigen ein gutes Geschäft, die von einem hohen Steuersatz und einem hohen Lebensalter ausgehen. Aber wer weiß das schon.

Aus diesem Grund sollten junge Sparer nicht zu viel Geld einzahlen und vor allem eine flexible Vertragsform wählen, bei der sie in „fetten" Jahren Sonderzahlungen vornehmen können, in „mageren" Jahren den Vertrag dagegen ohne nennenswerte Kostennachteile ruhen lassen können. Solche Verträge sind nicht so üppig vertreten.

7.3 KAPITALBILDENDE VERSICHERUNGEN

Kapitalbildende Versicherungen gibt es mittlerweile in vielfältigen Varianten und sind nach wie vor vorherrschend, wenn es um private Altersvorsorge geht. Viele Menschen setzen Versicherungen offenbar gleichbedeutend mit Sicherheit. Diese Gleichung geht aber leider nicht immer auf! Versicherte mussten in den letzten Jahren oftmals schmerzliche Einbußen in ihrer prognostizierten Auszahlung hinnehmen. Zwei wesentliche Nachteile Kapital bildender Versicherungen liegen in der fehlenden Flexibilität auf Grund der langen Laufzeit sowie in den hohen Vertragskosten.

Private Rentenversicherungen

Private Rentenversicherungen sichern eine lebenslange Rente und damit im Gegensatz zu Bank- oder Fondssparplänen die Grundversorgung neben der gesetzlichen und Alterskassenrente.

Eine hohe Rendite garantieren sie indes nicht automatisch, sondern nur bei langer Lebenserwartung – mindestens bis zum 85. oder gar 90. Geburtstag. Die Anbieter müssen zwar eine Garantieverzinsung von 1,75 Prozent (bei Vertragsabschlüssen ab 2012) einhalten, diese bezieht sich jedoch nicht auf den Gesamtbeitrag, sondern nur auf den Betrag, der nach Abzug der Abschluss- und Verwaltungskosten übrig bleibt.

Angebote gibt es mit laufender Beitragszahlung oder als Einmalzahlung gegen Sofortrente. Ferner gibt es etliche Vertragsvarianten hinsichtlich Zusatzversicherungen oder auch späterer Rentenzahlung. Hierbei ist auf jeden Fall die volldynamische Rente zu bevorzugen. Dabei muss die Gesellschaft sicherstellen, dass die Rente keine Einbrüche erlebt, weil die Überschüsse einbrechen. In der Regel gibt es eine kontinuierliche Steigerung. Diese Form ist nicht zu verwechseln mit der dynamischen Beitragszahlung. Sie

beermedia – Fotolia.com

ist unnötig teuer, denn mit jeder Beitragserhöhung werden neue Abschlusskosten fällig, außerdem ist der Überblick über die zu erwartende Leistung erschwert.

Private Renten sind mit dem Ertragsanteil zu versteuern. Dieser richtet sich nach dem Rentenbeginn und bleibt dann lebenslänglich konstant. Bei Leistungsbeginn mit 60 Jahren beträgt er 22, mit 65 Jahren 18 Prozent der Rente. Wer statt der Rente eine Kapitalauszahlung wählt, darf von der ausgezahlten Summe die eingezahlten Beiträge abziehen und muss die Differenz zur Hälfte versteuern. Nur bei Vertragsabschluss vor 2005 bleibt die Auszahlung steuerfrei. Voraussetzung in beiden Fällen ist, dass der Vertrag eine Mindestlaufzeit von zwölf Jahren hinter sich hat und frühestens mit Vollendung des 60. Lebensjahres (62. Lebensjahr bei Vertragsabschluss ab 01.01.2012) ausgezahlt wird.

Wer seine Hinterbliebenen absichern möchte, kann eine Rentengarantiezeit vereinbaren. Dann wird die spätere Rente nach Tod je nach Wahl noch 5, 10 oder 15 Jahre ab Rentenbeginn weiter an die Erben gezahlt. In der Ansparzeit sollte eine Beitragsrückgewähr vereinbart werden.

Nicht empfehlenswert ist dagegen die Kombination mit einer Berufsunfähigkeitsversicherung. Wer nämlich seine Beiträge nicht mehr zahlen kann oder will, verliert dann auch den Risikoschutz.

Erst recht abzuraten ist von fondsgebundenen Policen. Bei ihnen wird das Geld nach Kostenabzug in Fonds investiert. Rentengarantien gibt es im eigentlichen Sinne nicht. Lediglich ein Rentenfaktor wird angegeben. Er drückt aus, wie hoch die Rente pro 1.000 Euro bei Ablauf von vorhandenem Fondskapital sein wird. Ist folglich wenig

Fondskapital vorhanden, gibt es auch wenig Rente. Steuerlich ist dieses Produkt allerdings auf den ersten Blick interessanter als ein Fondssparplan, da die Auszahlungen ebenso in den Genuss der Regelungen für klassische private Rentenversicherungen kommen. Aber die hohen Verwaltungskosten machen diesen Vorteil wieder zunichte. Außerdem ist das Geld in einer Rentenversicherung sehr lange gebunden.

Kapitallebensversicherung

Mit einer Kapitallebensversicherung werden zwei Ziele verfolgt:

● Absicherung von Hinterbliebenen für den vorzeitigen Todesfall: Verstirbt der Versicherte während der Versicherungslaufzeit, erhalten die in der Police benannten Bezugsberechtigten die vereinbarte Versicherungssumme ausgezahlt.

● Kapitalbildung: Erlebt der Versicherte den Ablauf des Vertrages, zahlt ihm die Versicherung mindestens die garantierte Versicherungssumme aus.

Diese Kombination von Sparvertrag und Risikoabsicherung birgt erhebliche Risiken. Wird der Vertrag nicht bis zum Ende der Laufzeit durchgehalten, erlischt auch die Hinterbliebenenabsicherung. Diese ist bei Kombi-Produkten allerdings in der Regel zu niedrig, um die hohen Gesamtbeiträge überhaupt leisten zu können. Eine separate Risikolebensversicherung ist eindeutig die bessere Wahl.

Wer dagegen keine Hinterbliebenen zu versorgen hat, benötigt keine Lebensversicherung, auch keine Kapital bildende. Er kann diesen Beitragsanteil mit für die Altersvorsorge verwenden.

Bei den Lebensversicherungen kann zwischen vielen Varianten gewählt werden. Einige der gängigsten Formen sind:

● Auf Todes- und Erlebensfall,
● Versicherung für zwei Personen,
● Vertrag mit Teilauszahlungen,
● Ausbildungsversicherung und
● Aussteuerversicherung.

Außerdem gibt es einige Zusatzversicherungen mit

● Beitragsbefreiung ab einem bestimmten Grad von Berufsunfähigkeit,
● Rentenzahlung ab einem bestimmten Grad von Berufsunfähigkeit,
● Verdopplung der Versicherungssumme bei Unfalltod und
● Dynamik, d.h. regelmäßige Beitragserhöhung.

Die Zusatzversicherungen können im Laufe der Vertragsdauer gekündigt werden. Für die Kopplung mit einer Berufsunfähigkeitsversicherung gilt Gleiches, wie oben zur Risikoabsicherung im Todesfall beschrieben. Wer diese Zusatzabsicherung allerdings hat und zusätzlich über keine ausreichende Berufsunfähigkeitsabsicherung verfügt, sollte den Vertrag nicht voreilig kündigen, sondern über eine geeignete Umstellung verhandeln, um auch bei finanziellen Engpässen nicht auf den Risikoschutz verzichten zu müssen.

Die Zusatzabsicherung im Falle eines Unfalltodes macht dagegen keinen Sinn, sondern schmälert die Rendite. Der Geldbedarf der Angehörigen ist nach einem Unfalltod nicht höher als nach einem Tod durch Krankheit.

Dynamische Beiträge verteuern den Vertrag unnötig. Der angestrebte Inflationsausgleich lässt sich zielgerichteter und kostengünstiger durch ein alternatives Produkt zur Altersvorsorge erreichen. Die Dynamik kann jederzeit aus dem Vertrag herausgenommen werden.

Auch Kapitallebensversicherungen werden als klassische Variante sowie als Fondspolice angeboten.

Die Beiträge zur Lebensversicherung werden für drei Bereiche verwendet:

1. Der Kostenanteil deckt die entstehenden Verwaltungs- und Provisionskosten, die je nach Gesellschaft unterschiedlich sind. Eine Untersuchung der Stiftung Warentest hat für Verwaltungskosten eine Spannbreite von 1,6 bis 11,75 Prozent, für Abschlusskosten zwischen 0,3 und 4,68 Prozent des Beitrags ermittelt.

2. Der Risikoanteil stellt sicher, dass die bei Tod fällige Versicherungssumme sofort ausgezahlt werden kann.

3. Der Sparanteil, der Hauptanteil, wird gewinnbringend angelegt. Er wird bei Neuverträgen ab 2012 garantiert mit 1,75 % verzinst und ergibt zusammen mit den Zinserträgen zum Ende der Laufzeit die Versicherungssumme. Die Verzinsung bezieht sich also nur auf den Sparanteil, dessen Höhe nicht benannt werden muss.

Aus allen Bereichsteilen können allerdings Überschüsse entstehen.

Eine Kapitallebensversicherung sollte nur abgeschlossen werden, wenn die hohen Beiträge über die Laufzeit gezahlt werden können. Eine vorzeitige Kündigung bringt finanzielle Nachteile, da der Rückkaufwert gerade in den ersten Jahren gering ist.

Wichtig: Bei Verträgen, die ab dem 01.01.2005 abgeschlossen werden, müssen bei der Auszahlung die Gewinnanteile versteuert werden! Bei mindestens zwölfjähriger Laufzeit und Leistungsbeginn mit frühestens 60 jedoch nur zur Hälfte.

In diesem Zusammenhang ist folgender Hinweis wichtig: Wegen des bei Selbstständigen bestehenden Problems, dass die Altersvorsorge für den Betrieb haftet, hat der Gesetzgeber mit § 851c Zivilprozessordnung eine Möglichkeit geschaffen, Altersvorsorge zu betreiben, auf die Gläubiger keinen Zugriff haben.

Ein großer Nachteil der Kapital bildenden Versicherungen ist die lange Laufzeit, verbunden mit in der Regel wenig oder keiner Flexibilität in der nachträglichen Vertragsgestaltung.

7.4 PRODUKTE DER BANKEN UND DES BUNDES

Sparangebote der Banken und Sparkassen eignen sich sehr gut für diejenigen, denen feste Zinsen und eine Kapitalgarantie wichtiger sind als hohe Renditeaussichten. Obwohl die Laufzeit meistens vorgegeben ist, ist die Flexibilität deutlich höher als bei Versicherungsprodukten, da es zahlreiche Laufzeitvarianten gibt. Wie die Stiftung Warentest bestätigt hat, ist es allerdings auch bei Bankprodukten schwierig, eine gute Anlageberatung zu bekommen. Es lohnt sich, die Sparangebote der Hausbank mit Sparbriefen, Sparplänen, Tages- oder Festgeldkonten anderer Geldinstitute oder auch Direktbanken zu vergleichen.

Diese Produkte sind sehr sicher, auf Grund unterschiedlich wählbarer, in der Regel kürzerer Laufzeiten auch sehr flexibel. Allerdings sind die Renditechancen nicht so hoch wie beispielsweise bei Investmentanlagen.

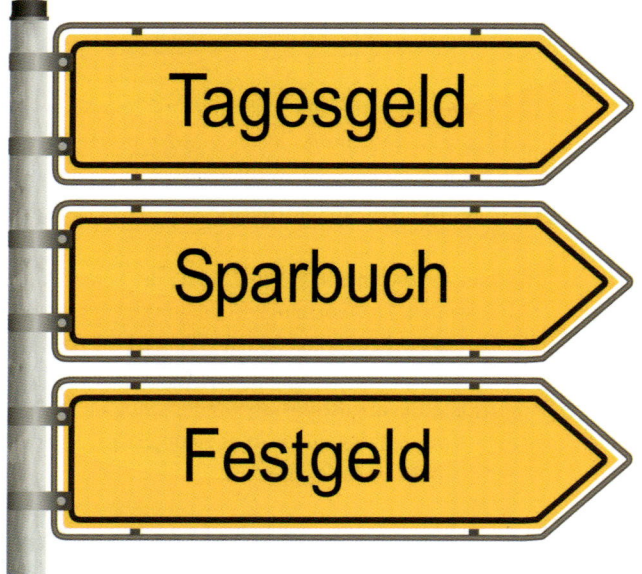

JISIGN – Fotolia.com

Exkurs: Abgeltungsteuer

Auch steuerlich gibt es kaum Spielraum. Zinsen unterliegen der Abgeltungsteuer
. Jeder Bürger darf über Kapitalerträge in Höhe von 801 € jährlich steuerfrei verfügen.
Jeder Euro darüber muss versteuert werden. Ehepaare dürfen somit zusammen 1.602 €
Zinseinkünfte steuerfrei erzielen. Das bedeutet:

Bei einem Zinssatz von drei Prozent bleibt ein Anlagebetrag bis zu 26.700 € für Ledige
oder 53.400 € für Verheiratete steuerfrei.
Bei einem Zinssatz von zwei Prozent erhöht sich die steuerfreie Geldanlage auf 40.050 €
oder 80.100 €.

Allerdings sind die Zinsgutschriften nur bei rechtzeitiger Erteilung eines Freistellungs-
auftrags steuerfrei. Andernfalls muss nachträglich mit dem Finanzamt abgerechnet werden.

Seit 2009 werden von allen privaten Kapitalerträgen 25 Prozent Steuern einbehalten
und von den Banken, Bausparkassen, Fondsgesellschaften und ähnlichen direkt an das
Finanzamt weitergeleitet. Damit ist die Steuer auf die Zinseinkünfte und vergleichbare
Einnahmen abgegolten. Daher der Name. Eine Angabe in der individuellen Einkommen-
steuererklärung erübrigt sich seitdem. Wer einen höheren Steuersatz als 25 Prozent hat,
profitiert von der Regelung. Wer jedoch zu einem geringeren Satz besteuert wird, muss
sich die Differenz vom Fiskus im Rahmen der Steuererklärung zurückholen.

Banksparpläne

Banksparpläne ermöglichen regelmäßiges monatliches Sparen auch mit kleineren Beträ-
gen ab 25 oder 50 €. Da Laufzeit und Verzinsung sehr unterschiedlich gestaltet werden
können, sollten sich Interessierte im Vorfeld über die Höhe der Zinsen, die Art der Verzinsung (fest oder variabel) sowie über die Ausstiegsmöglichkeiten informieren. Verträge mit fester Verzinsung und fest vereinbarter Zinstreppe sind kundenfreundlicher,
auch wenn Sparer damit auf die Möglichkeit steigender Zinsen verzichten. Die Erträge
sind jedoch kalkulierbar und die Bank darf die Zinsen nicht senken.

Vorsicht ist ebenfalls bei in Aussicht gestellten Bonuszahlungen oder Prämien geboten.
Sie erschweren den Vergleich verschiedener Angebote und die Berechnung der Gesamt-
rendite.

Ideal sind Verträge, die nach kurzer Laufzeit (zwei bis drei Jahren) ohne Verlust kündbar sind. Auch die Ratenzahlung sollte flexibel gestaltet werden können, sodass je nach
finanzieller Situation weniger oder mehr eingezahlt werden kann.

Tages- und Festgeldkonto

Dank ihrer hohen Sicherheit und Verfügbarkeit eignen sich Tages- und Festgeldkonten gut zum vorübergehenden Parken größerer Geldsummen, um sie dann bei steigenden Zinsen in rentablere Anlagen zu investieren. Land- und forstwirtschaftliche Unternehmer nutzen diese Form ebenfalls als sinnvolle betriebliche Geldanlage, um größere Summen rentabel und gleichzeitig flexibel zu „parken".

Tagesgeldkonten sind kostenlos und täglich verfügbar. Aber auch die Bank kann die Zinsen täglich ändern. Gute Konditionen gibt es oftmals bei Direktbanken. Das sind Geldinstitute, die kein Filialnetz unterhalten, sondern nur über Telefon oder Computer zu erreichen sind.

Festgeldkonten haben Laufzeiten von einem Monat bis zu einem Jahr. So lange ist das Geld nicht verfügbar und der Zinssatz festgeschrieben. Wer sich bei Fälligkeit nicht kümmert, riskiert eine weitere Anlage zu den bestehenden Konditionen – ein Nachteil, wenn die Zinsen mittlerweile gestiegen sein sollten!

Auch längerfristige Einmalanlagen sind möglich. Hier ist die Flexibilität jedoch weiter eingeschränkt. Oftmals gelten Sperrfristen zwischen neun Monaten und einem Jahr. Außerdem ist eine dreimonatige Kündigungsfrist einzuhalten. Andere Verträge lassen monatlich begrenzte Abhebungen zu. Wer vom Zinseszinseffekt profitieren will, sollte Einmalanlagen wählen, bei denen die Zinsen nicht jährlich ausgeschüttet, sondern angesammelt werden. Dies kann allerdings im Jahr der Fälligkeit zu einer höheren Steuerbelastung führen, wenn dadurch der Freibetrag überschritten wird.

Wertpapiere des Bundes

Eine Alternative zur Geldanlage bei einer Bank oder Sparkasse stellen die Wertpapiere des Bundes dar. Mit dem Abschluss von Tagesanleihen, Bundesschatzbriefen, Finanzierungsschätzen und Bundesobligationen gewährt der Bürger dem Staat Kredit und erhält dafür Zinsen.

Seit 2013 gibt es nur noch börsennotierte Bundesobligationen (5 Jahre Laufzeit), Bundesanleihen (bei Auflage 10 bis 30 Jahre Laufzeit, über die Börse auch kürzere Restlaufzeiten möglich) und Bundesschatzanweisungen (2 Jahre Laufzeit).

Bundeswertpapiere können direkt bei der Deutschen Finanzagentur per Internet oder Telefon kostenfrei geordert und verwaltet werden. Der Umweg über die Hausbank ist mit Gebühren belegt. Der Antrag auf Eröffnung eines sogenannten Schuldbuchs kann unter www.deutsche-finanzagentur.de heruntergeladen oder unter 0800/222510 telefonisch gestellt werden. Die Unterschrift muss dann entweder von der Hausbank bestätigt werden (Achtung: kann gebührenpflichtig sein!) oder dafür wird das kostenlose Post-Ident-Verfahren genutzt, indem der ausgefüllte Antrag zur Post gebracht und dort die Identität anhand des Personalausweises nachgewiesen wird.

7.5 INVESTMENTFONDS

Wer noch mindestens zehn Jahre bis zum Eintritt in den Ruhestand vor sich hat und nicht zu einem bestimmten Stichtag zwingend über das Geld verfügen will oder muss, für den ist Altersvorsorge mit Fonds nach wie vor eine interessante Alternative. Gute Aktienfonds erwirtschaften trotz Finanzkrise langfristig immer noch Renditen zwischen acht und zehn Prozent.

Fonds bestechen jedoch nicht nur durch hohe Renditechancen, sondern auch durch ihre Flexibilität, von der gerade Selbstständige sehr profitieren können. Einzahlungen ab 50 € sind möglich, aber auch Einmalzahlungen. Das Geld ist theoretisch täglich verfügbar, wobei jedoch auf den aktuellen Kurs geachtet werden sollte. Deshalb ist es vorteilhaft, wenn Anleger ihrerseits so flexibel sein können, das Geld bei schlechten Kursen noch einige Monate stehen zu lassen, bis sich der Markt erholt hat.

psdesign1 – Fotolia.com

Die steuerliche Vorzüglichkeit gilt nur noch für Fondsanteile, die vor 2009 erworben wurden. Für sie bleiben Gewinne aus Verkäufen steuerfrei, wenn die Papiere mindestens ein Jahr im Bestand gehalten wurden. Neuere Anteile unterliegen auch beim Verkauf der Abgeltungsteuer. Es gilt der schon genannte Freibetrag von 801 € pro Person.

Statt das Geld direkt in Aktien, Wertpapiere oder Immobilien zu investieren, übernimmt die Fondsgesellschaft diese Aufgabe. Sie legt das Vermögen in Anteile oder Anleihen verschiedener Unternehmen an und streut so das Risiko und erhöht die Gewinnchancen.

Wer mehr Sicherheit haben möchte, wählt Rentenfonds. Dann wird das Geld in Wertpapiere investiert. Die Renditechancen sind nicht so hoch wie bei Aktienfonds, dafür ist das Risiko jedoch deutlich geringer. Rentenfonds sind daher gut geeignet für die Altersvorsorge, auch wenn es darum geht, Kapital aus gut laufenden Aktienfonds in rentennahen Jahren in sichere Anlagen umzuschichten. Ein bequemer Kompromiss aus Aktien- und Rentenfonds ist ein Mischfonds, der unterschiedliche Anteile Aktien und Anteile Wertpapiere enthält. Je nach Alter und Risikobereitschaft kann ein Mischfonds mit überwiegendem Aktien- oder Wertpapieranteil gewählt werden.

Beim Fondssparen stehen vier Wege offen, um sein Geld entsprechend anzulegen: Wer Wert auf persönliche Beratung legt und nicht per Telefon oder Computer kaufen möchte, wendet sich an Banken oder Sparkassen. Dort wird dann ein gebührenpflichtiges Depot eröffnet. Kostengünstiger ist der Weg über Direktbanken, Fondsvermittler oder direkt über die Fondsgesellschaften. Diese Wege bieten eine kostenlose oder kostengünstige Depotverwaltung, mitunter auch Rabatte bei den Ausgabeaufschlägen.

Lange Zeit galten Zertifikate als gute Alternative zu Fonds. Ihre Wertentwicklung ist an bestimmte Basisprodukte wie Aktien, Indizes oder auch Rohstoffe gekoppelt. Die große Gefahr ist jedoch die des Totalverlustes, wenn die ausgebende Bank (siehe Lehman Bank) in die Insolvenz geht. Dieses Risiko besteht bei Fonds nicht, da das Kapital der Anleger als Sondervermögen Insolvenzschutz genießt. Abgesehen davon ist die Struktur der Zertifikate nur sehr schwer zu durchschauen, sodass zusammenfassend festgestellt werden muss, dass Zertifikate nicht zur Altersvorsorge geeignet sind.

7.6 AUSZAHLPLÄNE

Auszahlpläne ermöglichen es Ruheständlern, trotz Entnahmen aus der Kapitalanlage vom Zinseszinseffekt zu profitieren. Tabelle 13 veranschaulicht diesen Vorteil. Wer beispielsweise 100.000 € ausgezahlt bekommt und das Geld zu Hause oder auf dem laufenden Konto lagert, kann 25 Jahre lang monatlich 333 € entnehmen, bevor der Vorrat aufgebraucht ist. Investiert er das Geld alternativ in einen Entnahmeplan bei der Bank oder einer Fondsgesellschaft, wo es sich zu drei Prozent verzinst, erhöht sich der monatlich verfügbare Betrag auf 472 €.

Auch hierbei gelten die allgemeinen Grundsätze zur Altersvorsorge: nicht alles auf ein Produkt setzen, sondern das Kapital auf verschiedene Bank- und Investmentprodukte unterschiedlicher Zusammensetzung und Laufzeit verteilen. So bietet sich auch eine sinnvolle Alternative zur Einmalanlage in Rentenversicherungen (Sofortrente). Letztere punkten durch die lebenslange Rentenzahlung, liegen aber bei Renditen und Kapitalerhalt für die Erben klar im Nachteil. Nach Berechnungen der Stiftung Warentest muss ein Versicherter seine private Rente mindestens 21 (Mann) oder 22 Jahre (Frau) beziehen, bis er Gewinne macht. Wer Angehörige absichern will, kann dies über eine Rentengarantiezeit tun oder aber als Ehepaar eine Partnerpolice wählen. Dann bekommt der Partner/die Partnerin nach dem Tod die Rente weiter bis zum eigenen Lebensende. Aber alle zusätzlichen Vereinbarungen gehen zulasten der monatlichen Auszahlung und damit der Rendite. Steuerlich gesehen haben private Renten allerdings einen Vorteil gegenüber Bank- und Investment-Entnahmeplänen: Sie müssen nur mit dem Ertragsanteil versteuert werden, der sich nach dem Alter bei Rentenbeginn richtet und lebenslang konstant bleibt. Wer beispielsweise mit 65 seine erste Rente bezieht, muss 18 Prozent davon versteuern.

Demgegenüber ist bei Bankauszahlplänen das Geld am Ende der Laufzeit aufgebraucht oder bleibt bei vorzeitigem Tod in voller Höhe für die Erben erhalten. Sinnvoll ist die Aufteilung auf mehrere Verträge mit unterschiedlichen Laufzeiten, um flexibler auf

Tabelle 13: Entnahmeplan. Wer 100.000 € angespart hat, kann daraus … Jahre folgende Monatsbeiträge entnehmen:

Jahre	Monatliche Entnahme (€) bei einem Zinssatz von … %								
	0	2,5	3,0	3,5	4,0	4,5	5,0	5,5	6,0
5	1.667	1.773	1.795	1.817	1.838	1.860	1.882	1.904	1.926
10	833	941	964	986	1.009	1.032	1.055	1.079	1.102
15	556	665	689	712	736	760	785	810	835
20	417	529	553	577	602	628	654	680	707
25	333	447	472	498	524	551	578	606	635
30	278	394	419	446	473	501	530	559	589
35	238	356	383	410	438	468	498	528	560
40	208	328	356	384	414	444	475	507	539
Ewig	–	206	247	287	327	367	407	447	487

besondere Lebensumstände reagieren zu können. Denn Auszahlpläne sind während der Laufzeit nicht kündbar. Es gibt auch die Möglichkeit, das investierte Kapital zu erhalten und nur die Zinsen („ewige Rente") ausgeschüttet zu bekommen. Dann bleibt alles für die Erben erhalten – aber wozu? Wenn daraus dennoch ein Einkommensbeitrag für das eigene Alter fließen soll, muss der Kapitalstock enorm hoch sein.

Flexibler, aber risikoreicher sind Fonds-Entnahmepläne. Sie stellen durchaus eine interessante Variante dar für Personen, deren täglicher Bedarf durch andere Quellen gedeckt ist. Für die Entnahme gibt es zwei Möglichkeiten: Entweder wird ein fester Geldbetrag vereinbart, für den dann je nach Kursverlauf unterschiedlich viele Fondsanteile verkauft werden. Das kann aber bei schlechten Kursen dazu führen, dass das Kapital früher verbraucht ist als vorgesehen. Wer seinen Vertrag dagegen so gestaltet, dass monatlich eine festgelegte Anzahl von Fondsanteilen veräußert wird oder bei guten Kursen sogar mehr als geplant, kann das nicht benötigte Geld auf einem Tagesgeldkonto parken und sich dort „in schlechten Zeiten" bedienen.

Auch bei der Wahl der Fonds ist Aufmerksamkeit angesagt. Wer sich mehr Risiko leisten kann, kann einen Aktienfonds-Auszahlplan abschließen. Es stehen aber auch Renten- und Mischfonds zur Verfügung.

Eine weitere interessante Form der Einkommenssicherung im Alter ist ein sogenanntes „Leiterdepot". Dazu wird aus Bundesanleihen und Pfandbriefen mit Laufzeiten zwischen beispielsweise einem und zehn Jahren ein Depot zusammengestellt. In jedem Jahr wird ein Papier fällig und durch ein neues Zehn-Jahres-Papier ersetzt. So gelangt man zur regelmäßigen Ertragsausschüttung bei flexibler Gestaltung, um auch für Unvorhergesehenes gewappnet zu sein.

NoName – Fotolia.com

landpixel.de / Christian Mühlhausen

Mittlerweile hat sich die Erkenntnis durchgesetzt, dass die gesetzliche Altersvorsorge alleine in der Regel nicht für einen angemessenen Lebensstandard ausreicht. Zusätzliche Vorsorge tut also not.

Für das passende Vorgehen bei der Altersvorsorge gibt es keine Patentrezepte, sondern jede Familie sollte für sich selbst entsprechend der persönlichen und betrieblichen Situation die passende Strategie entwickeln. Zur Orientierung und Einordnung von einzelnen Anlageformen oder von Gesamtanlagepaketen (Bild 1, zwei Beispiele mit unterschiedlicher Linienstärke) kann das magische Viereck dienen.

Je nach Lebensphase und familiärer Situation brauchen die vier Eckpunkte eine verschiedene Gewichtung. Zu unterscheiden sind die Aufbauphase bis etwa 40 Jahre, die Stabilisierungsphase zwischen 40 und 55 Jahren und die Übergangsphase zur Betriebsabgabe und zum Rentenalter. Auch wenn die nachfolgend beschriebenen Lebensphasen heute nicht mehr stets in dieser Reihenfolge und den jeweiligen Zeitfenstern durchlaufen werden, bieten sie dennoch eine gute Orientierungshilfe für die eigene Vorgehensweise und den bestehenden Handlungsbedarf.

Bild 1: Das magische Viereck

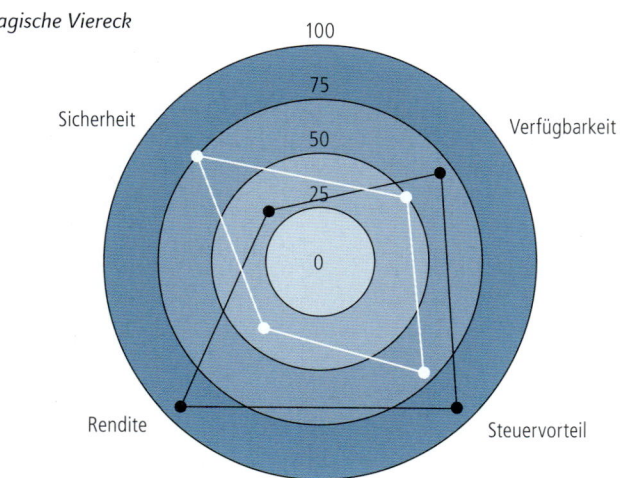

8.1 DIE ZEIT DES AUFBAUS VON BETRIEB UND FAMILIE

Bis zum Alter von etwa 40 Jahren ist oft die Zeit der Familiengründung. Kinder werden geboren, der Betrieb wird übernommen und weiterentwickelt. Viel Energie und auch Geld wird in den Betrieb investiert. Bevor in dieser Zeit über zusätzliche Altersvorsorge nachgedacht wird, sollte zunächst die aktuelle Risikovorsorge geprüft werden. Das sind vor allem die betrieblichen Versicherungen sowie die privaten Zusatzversicherungen. Nicht selten kommt es zu unnützen Doppelversicherungen, weil bei der Eheschließung die Versicherungen nicht durchforstet und angeglichen werden. So ist z. B. die private Haftpflicht des Ehepartners in der Betriebshaftpflicht mit abgesichert.

Die Hofübernahme ist immer ein geeigneter Zeitpunkt, den Versicherungsschutz zu überprüfen, auch weil hier Kündigungsmöglichkeiten außerhalb der üblichen Fristen bestehen.

Ist der betriebliche Versicherungsschutz in Ordnung, muss als Nächstes an die Absicherung der Berufsunfähigkeit gedacht werden – und das nicht nur für den Betriebsleiter, sondern auch für die Ehefrau. Weiterhin unabdingbar ist eine Unfallversicherung für die Kinder; bereits ab 18 Jahren kann dann schon über eine Berufsunfähigkeitsversicherung nachgedacht werden. Viele Versicherer bieten solche Versicherungen mittlerweile auch für Personen in der Ausbildung.

Erst dann ist an die Altersvorsorge zu denken. Neben den gesetzlichen Versicherungen, Alterskasse und Rentenversicherung sollte die staatliche Sparförderung genutzt werden, also Riester-, Rürup-Rente, evtl. Bausparen.

Sind diese Möglichkeiten ausgeschöpft, ist die noch zusätzlich mögliche Sparleistung zu ermitteln. Dabei konkurrieren bei landwirtschaftlichen Unternehmerfamilien immer betriebliche und private Vermögensbildung. In den meisten Fällen werden in dieser Lebensphase betriebliche Investitionen Vorrang haben. Aber auch schon relativ geringe monatliche Sparbeträge können bei diszipliniertem Sparen zu einem respektablen Kapitalstock bei Beginn des Rentenalters führen; so ergibt z. B. eine monatliche Sparrate von 50 € bei einer durchschnittlichen Verzinsung von 3 Prozent nach 35 Jahren rd. 37.000 €. Diese Summe ermöglicht über 20 Jahre dann Entnahmen von rd. 200 € monatlich.

Wichtig in dieser Phase ist, auf die Flexibilität der Anlage zu achten, um das Geld bei persönlichem Bedarf oder bei notwendigen betrieblichen Investitionen zur Verfügung zu haben. Aus diesem Grund verbieten sich die immer noch beliebten Kapitallebensversicherungen, auch wenn sie demnächst in der Regel nicht der Abgeltungsteuer unterliegen werden und damit steuerlich wieder eine gewisse Attraktivität bekommen. Sie bieten zwar relativ große Sicherheit, aber eine mäßige Rendite bei sehr stark eingeschränkter Verfügbarkeit.

Wegen der noch langen Laufzeit der Geldanlage bis zum Alter können Personen in dieser Lebensphase mehr auf die Rendite als auf die Sicherheit der Anlage schauen. Dass die Sicherheit nicht völlig aus dem Auge verloren werden darf, zeigen die derzeitigen schmerzlichen Erfahrungen auf den Finanzmärkten. Dennoch ist in jungen Jahren ein gut geführter Aktienfonds ein geeignetes Mittel zur Altersvorsorge.

8.2 DIE STABILISIERUNGSPHASE

In der Regel ist ab 40 der Familienaufbau abgeschlossen und die betriebliche Entwicklung auf dem Weg. Jetzt sollte die Altersvorsorge erneut überprüft werden. Auch jetzt lohnt noch der Abschluss eines Riester-Vertrages, nicht nur bei hohen Zulagen durch hohe Kinderzahl, sondern auch bei hohen Steuersätzen wegen der möglichen Steuerersparnis.

JAN BECKE – Fotolia.com

Dann ist zu prüfen, ob Spielraum für weitere Geldanlagen besteht. Die Beantwortung dieser Frage wird davon abhängen, ob der Betrieb langfristig weitergeführt wird oder nicht. Steht die nächste Generation schon in den Startlöchern, so muss der Betrieb in nächster Zeit für zwei oder sogar drei Familien (inkl. der Altenteiler) ausreichen. Sicherlich sind dann weiterhin betriebliche Investitionen nötig. Dennoch sollte nach Möglichkeit auf zusätzliche private Altersvorsorge in dieser Phase nicht gänzlich verzichtet werden. Wird alles verfügbare Kapital wieder in den Betrieb investiert, steigt naturgemäß der Anspruch an ein betriebliches Altenteil im Rentenalter. Je weniger private Vorsorge betrieben wird, desto größer ist die Abhängigkeit im Alter vom Betrieb – mit allen damit verbundenen Ungewissheiten.

Anders sieht es aus, wenn der Hof definitiv nicht in der Familie weitergeführt wird. Die betrieblichen Investitionen können auf das Maß reduziert werden, das ein auskömmliches Einkommen bis zum Rentenalter ermöglicht, es kann verstärkt außerbetriebliches Vermögen gebildet werden. Hier sind neben ganz konservativen Geldanlagen wie Bundesanleihen oder Banksparplänen konservative Aktienfonds oder Rentenfonds zu empfehlen.

8.3 DIE VORBEREITUNGSPHASE AUF DAS ALTER

Ab 55 ist es angebracht, intensiver über Hofübergabe und tatsächlichen Einkommens-bedarf im Alter nachzudenken. Beim Check der Altersversorgung sollte geprüft werden, wie groß eine eventuelle Lücke ist. Renditebetonte Anlagen sollten in mehr sicherheits-orientierte umgeschichtet werden. Dabei muss die Sicherheit naturgemäß umso größer sein, je dringlicher das Geld später zur Schließung einer Versorgungslücke gebraucht wird.

Vielfach werden mit 60 Jahren Versicherungen fällig, über deren weitere Verwendung nachgedacht werden muss. Denkbar sind hier Einmalzahlungen in Fonds und ein ent-sprechender Entnahmeplan je nach vorhandenem Kapitalstock und Versorgungslücke. Läuft eine Berufsunfähigkeitsversicherung aus, könnten die eingesparten Beiträge für eine zusätzliche Altersvorsorge genutzt werden.

Meistens ist in dieser Lebenszeit die Frage entschieden, ob der Betrieb weitergeführt wird oder nicht. Davon hängt wiederum die Strategie ab. Ein auslaufender Betrieb kann zumindest die Abschreibungen verzehren, Investitionen können eingeschränkt werden.

Wird der Betrieb weitergeführt, ist zu klären, welches Altenteil für den Betrieb tragbar ist, und die Abfindung der weichenden Erben ist zu überdenken. Im Idealfall sollten die Abfindungen noch vor der Übergabe stattfinden, um den Übernehmer damit nicht zu belasten. Damit entsteht dann u. U. später Spielraum für ein höheres Baralteil. Die nachfolgende Tabelle fasst die wesentlichen Aspekte noch einmal zusammen.

Tabelle 14: Vorsorgeaktivitäten nach Lebensphasen

Bis 40 Jahre	40 bis 55 Jahre		Über 55 Jahre	
	mit Hofnachfolger	ohne Hofnachfolger	mit Hofnachfolger	ohne Hofnachfolger
Risikovorsorge checken	Konkurrenz: Investition/ Vorsorge	Verstärkte außerbetriebliche Vermögensbildung	Altersvorsorge prüfen	
Berufsunfähigkeit absichern	Minimum an priv. Altersvorsorge		Konkurrenz: Altenteil/ Abfindungen	Kontrollierter Vermögens-verzehr
Staatliche Sparförderung nutzen	Evtl. Immobilien		Frei werdende Versicherungsprämien (z. B. Berufsunfähigkeitsversicherung) zur Vorsorge nutzen	
Auf Verfügbarkeit achten	Riester-Banksparplan, Rürup-Rente		Wiederanlage von Lebensversicherung (Auszahlungsplan)	
Renditebetonte Anlagen wählen	Konservative Aktienfonds, Rentenfonds		Umschichtung der Anlagen von renditebetont in sicherheitsbetont	

Eine gute Altersvorsorge ist also als langfristiger Prozess zu sehen, der in regelmäßigen Abständen zu überwachen und zu justieren ist. Es sollte deutlich geworden sein, dass es die richtige Geldanlage nicht gibt. Die Anlage der Wahl ist von der Familienphase und der betrieblichen Situation ebenso abhängig wie von persönlichen Ansprüchen und der Risikobereitschaft oder dem Sicherheitsbedürfnis der Beteiligten. Um die richtige Strategie zu finden, kann es hilfreich sein, unabhängige Beratung in Anspruch zu nehmen.

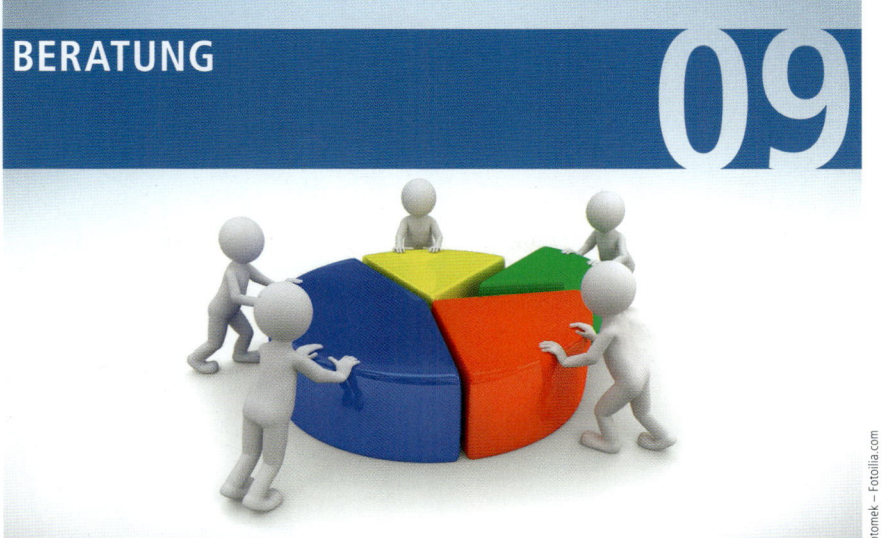

fotomek – Fotolia.com

Werden in Familien mit land- und forstwirtschaftlichen oder Gartenbaubetrieben Fragen zur Altersvorsorge erörtert, so geschieht das sinnvollerweise in Zusammenhang mit grundsätzlichen Aspekten zur Zukunft des Betriebes, zur Tragfähigkeit der investierten Summen, zu eigenen Ansprüchen im Alter und ähnlichen Themen. Auch deshalb sollte die Altersvorsorge nicht allein mit einem Produktanbieter oder Verkäufer abgestimmt werden, sondern vorab mit Beraterinnen und Beratern neutraler Institutionen, die unabhängig von Verkaufsinteressen sind und ganzheitlich unterstützen. Dafür eignen sich folgende Ansprechpersonen:

● Sozioökonomische Berater/-innen der Landwirtschaftskammern und -ämter
● Geschäftsstellen der Landesbauernverbände
● Versichertenälteste der Deutschen Rentenversicherung in den Gemeinden und Städten bei Fragen rund um die gesetzliche Rente

Wenn Sie Gespräche mit einem Anlagevermittler einer Bank, Versicherung oder einem selbstständigen Finanzdienstleister führen, achten Sie darauf, dass Ihnen ein vollständiges Beratungsprotokoll ausgehändigt wird – und zwar vor Abschluss eines Vertrages. Darin sollten folgende Informationen zu finden sein:

● Wer hat um das Gespräch gebeten (Vermittler oder Kunde)?
● Informationen über die persönlichen und finanziellen Verhältnisse des Kunden
● Kenntnisse und Erfahrungen des Kunden mit Geldanlage
● Anlageziele des Kunden
● Alle Beratungsempfehlungen (auch die abgelehnten)
● Vollständige Angaben über die empfohlenen Produkte mit Begründung für die Empfehlung
● Unterschrift des Vermittlers

Neben den genannten Beratungsstellen gibt es die Möglichkeit, sich auf vielfältige Weise über das Thema zu informieren:

- Schriften der Sozialversicherung für Landwirtschaft, Forsten und Gartenbau (www.svlfg.de),
  Weißensteinstraße 70 – 72, 34131 Kassel

- Schriften der Deutschen Rentenversicherung (www.deutsche-rentenversicherung.de)
  Deutsche Rentenversicherung, Pressereferat, Ruhrstraße 2, 10709 Berlin

- Veröffentlichungen der Stiftung Warentest (www.test.de)
  Stiftung Warentest
  Lützowplatz 11 – 13, 10785 Berlin

  - Buch: Altersvorsorge für Selbstständige,
    3. aktualisierte Neuauflage, Erscheinungsjahr 2012, ISBN: 978-3-86851-332-5

  - Zeitschrift Finanztest (Monatszeitschrift)

  - Renditerechner, Produktfinder auf der Internetseite

Finanzmanagement im landwirtschaftlichen Unternehmen

Für spezialisierte Betriebe mit hohem Fremdkapitaleinsatz ist ein gutes Finanzmanagement elementar. Das Heft stellt die Finanzierungsformen in landwirtschaftlichen Unternehmen vor und erklärt, wie eine solide Finanz-planung aussieht.

Heft Print, DIN A5, 56 Seiten, Bestell-Nr. 1139

Investitions- und Finanzierungsentscheidungen

Investieren und Finanzieren sind Kernkompetenzen unternehmerischen Handelns. Dieses Feld richtig zu bestellen, ist die Voraussetzung für eine langfristig erfolgreiche Entwicklung von Unternehmen.

Broschüre Print, DIN A4, 64 Seiten, Bestell-Nr. 3399

Der landwirtschaftliche Jahresabschluss I

Buchführung am Beispiel verstehen – das haben bereits Tausende von Berufs- und Fachschülern, Studenten, Referendaren, landwirtschaftlichen Unternehmern und Unternehmerehepartnern sowie Landfrauen erfahren. Gehören auch Sie dazu?

Heft Print, DIN A4, 68 Seiten, Bestell-Nr. 1033

Der landwirtschaftliche Jahresabschluss II

Das Bewährte durch wissenschaftlich fundierte Erkenntnisse erweitern. Das bedeutet hier: Die anerkannten Kennzahlen auf der Basis des BMELV-Jahresabschlusses um neue Instrumente der Beurteilung der Risikotragfähigkeit ergänzen.

Heft Print, DIN A4, 64 Seiten, Bestell-Nr. 1396

Hofübergabe und Existenzgründung

Die Hofnachfolge ist für landwirtschaftliche Betriebe ein wichtiger Entwicklungsschritt. Das Heft erklärt, wann eine Übergabe sinnvoll ist und wie man sie optimal umsetzt.

Heft Print, DIN A5, 68 Seiten, Bestell-Nr. 1186

Ehe- und Erbrecht in der Landwirtschaft

Einheiratende oder eingeheiratete Ehe- bzw. Lebenspartner sind für landwirtschaftliche Familienbetriebe eine wichtige Stütze. Dieser Einsatz muss finanziell und rechtlich gut abgesichert sein. Das Heft stellt das eheliche Güterrecht vor.

Heft Print, DIN A5, 56 Seiten, Bestell-Nr. 1202

Betriebsaufgabe – den Neuanfang wagen

Das Leben nach dem Rückzug aus der Landwirtschaft bietet viele Gestaltungsmöglichkeiten: Außerlandwirtschaftliche Berufstätigkeit, frühzeitige Altersrente oder Umnutzung des Betriebes sind nur einige davon.

Heft Print, 14 x 21 cm, 32 Seiten, Bestell-Nr. 1240

Beschäftigung von Arbeitnehmern in Land-, Forstwirtschaft und Gartenbau

Das Einstellen von Mitarbeitern wird auch in grünen Unternehmen immer wichtiger. Von der Bedarfsermittlung über Rechtsfragen, Lohnformen, Arbeitsverträge und Arbeitgeberpflichten bis hin zu Bewerbung und Saisonarbeitskräften informiert dieses Heft.

Heft Print, DIN A5, 76 Seiten, Bestell-Nr. 1565

Versicherungen in der Landwirtschaft

Sicherheit rundum, das versprechen viele Versicherungen. Sicherheit aber ist teuer, daher muss nicht alles sinnvoll sein, was möglich ist. Das aid-Heft zeigt, was in landwirtschaftlichen Betrieben und für die dort Arbeitenden notwendig ist.

Heft Print, DIN A5, 72 Seiten, Bestell-Nr. 1188

Besteuerung der Land- und Forstwirtschaft

Grundlegendes zu den Steuern in Land- und Forstwirtschaft gibt es hier kurz gefasst, verständlich und übersichtlich. In diesem Heft ausführlich: die neue Erbschaftsteuer. Aktualisiert wurden Energie-, Einkommen- und Gewerbesteuer.

Heft Print, DIN A5, 72 Seiten, Bestell-Nr. 1247

Büromanagement im landwirtschaftlichen Unternehmen

Mehr als 20 Stunden pro Monat Büroarbeit im Durchschnitt aller landwirtschaftlichen Betriebe, mehr als zehn Stunden zusätzlich in tierhaltenden Betrieben – da lohnt es sich, über effiziente Arbeitserledigung nachzudenken.

Heft Print, 14 x 21 cm, 52 Seiten, Bestell-Nr. 1427

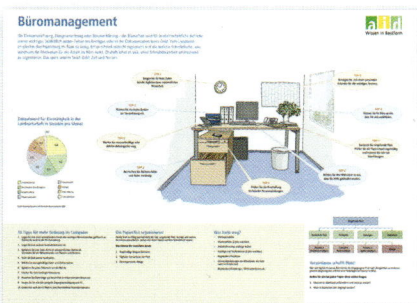

Büromanagement – Poster

Die tägliche Arbeit im Büro ist heute für jeden Landwirt selbstverständlich. Das Poster zeigt anhand einer informativen Grafik mit vielen Tipps, wie man mit wenig Aufwand sein Büro optimal organisiert.

Poster Print, DIN A1 auf A4 gefalzt, 2 Seiten, Bestell-Nr. 3471

Bestellung

Fax: **+49 (0)228 8499-200**
Telefon: **+49 (0)180 3 849900***
E-Mail: **bestellung@aid.de**

*Kosten: 9 Cent pro Minute aus dem deutschen Festnetz.
Anrufe aus dem Mobilfunknetz maximal 42 Cent pro Minute.
Bei Anrufen aus dem Ausland können die Kosten für Telefonate höher sein.

aid infodienst e. V.
Heilsbachstraße 16
53123 Bonn
Deutschland

MedienShop
www.aid-medienshop.de

Kunden-Nr. (falls vorhanden)
_____

Name / Vorname
_____

Firma / Abteilung
_____

Straße und Hausnummer/Postfach
_____

PLZ / Ort
_____

Telefon / Fax
_____

E-Mail
_____

Ich bestelle zuzüglich einer Versandkostenpauschale von 3,00 € (innerhalb Deutschlands) gegen Rechnung (Angebotsstand: Februar 2014):

Best.-Nr.	Titel	Medium	Anzahl	Einzelpreis €	Gesamtpreis €
1126	Private Altersvorsorge – Luxus oder Notwendigkeit?	Heft		3,00	
1139	Finanzmanagement im landwirtschaftlichen Unternehmen	Heft		3,50	
3399	Investitions- und Finanzierungsentscheidungen	Broschüre		7,50	
1033	Der landwirtschaftliche Jahresabschluss I	Heft		4,50	
1396	Der landwirtschaftliche Jahresabschluss II	Heft		4,50	
1186	Hofübergabe und Existenzgründung	Heft		3,50	
1202	Ehe- und Erbrecht in der Landwirtschaft	Heft		2,50	
1240	Betriebsaufgabe – den Neuanfang wagen	Heft		2,00	
1565	Beschäftigung von Arbeitnehmern in Land-, Forstwirtschaft und Gartenbau	Heft		3,00	
1188	Versicherungen in der Landwirtschaft	Heft		3,00	
1247	Besteuerung der Land- und Forstwirtschaft	Heft		4,00	
1427	Büromanagement im landwirtschaftlichen Unternehmen	Heft		2,50	
3471	Büromanagement – Poster	Poster		2,50	
3264	aid-Medienkatalog	Heft		0,00	0,00

☐ Ich möchte regelmäßig und kostenlos den aid-Medienkatalog erhalten.
Diese Zusendung kann ich jederzeit widerrufen.

Auftragswert _____

Bestellungen erfolgen ausschließlich unter Einbeziehung unserer allgemeinen Geschäftsbedingungen, die Sie im Internet unter www.aid-medienshop.de einsehen oder unserem Medienkatalog entnehmen können, den wir Ihnen auf Anforderung kostenlos zusenden. Die Informationen zur Widerrufsbelehrung und den Widerrufsfolgen auf der gegenüberliegenden Seite habe ich zur Kenntnis genommen.

_____
Datum/Unterschrift

aid infodienst Ernährung, Landwirtschaft, Verbraucherschutz e. V. (aid), Heilsbachstraße 16, 53123 Bonn, Telefon: 0228 8499-0, Telefax: 0228 8499-177, Geschäftsführender Vorstand: Frau Dr. Margareta Büning-Fesel, eingetragen im Vereinsregister (Registernr. 2240) beim Amtsgericht Bonn